# ¡PRACTICA EL TAROT!

*Editorial*
Balthazar Pagani

Editado por
Caterina Grimaldi

Diseño gráfico
Eleonora Tallarico / PEPE *nymi*

# Vivida

La marca Vivida® es propiedad de White Star s.r.l.
www.vividabooks.com

© 2023 White Star s.r.l.
Piazzale Luigi Cadorna, 6
20123 Milano, Italy
www.whitestar.it

**EDICIONES**

Librería Universitaria
**BARCELONA**

© 2024 Ediciones Librería Universitaria de Barcelona, S. L.
Joan XXIII, n° 27 - 08950 Esplugues de Llobregat
Tel. 93 289 01 46 - Fax: 93 371 94 38
info@edicioneslu.com
www.edicioneslu.com

 edicioneslu

ISBN 978-84-10101-01-2

EDITADO POR
**FRANCESCA MATTEONI**

# ¡Practica EL TAROT!

Un cuaderno personal
para leer las
cartas del tarot

EDICIONES
**LU**
Librería Universitaria
BARCELONA

# ÍNDICE

# CÓMO UTILIZAR ESTE LIBRO

Las 78 cartas de una baraja de tarot son una herramienta extraordinaria para explorar el yo, el destino y las dimensiones interna y colectiva, y también puedes utilizarlas para reflexionar y perfeccionar tu punto de vista sobre una situación determinada. Este libro está concebido como un diario de prácticas para comprender el significado de las cartas. Puedes anotar tus impresiones, obtener respuesta a preguntas, añadir ideas, y seguir trabajando en tu cuaderno, retomando los ejercicios y modificando tus respuestas con el tiempo.

La belleza del trabajo intuitivo con las cartas del tarot reside en que son sensibles al momento y a la experiencia. En cada ocasión, uno puede sumergirse en las figuras, llevando al interior lo que sucede en el exterior, buscando un camino hacia tus sueños.

Sin ti, las imágenes no hablan.

Hay que observarlas de forma activa para que se revelen.

Piensa en ellas como si fueran un mapa que cada vez te muestra un destino diferente, sorprendiéndote o contándote algo en lo que no te habías fijado antes.

Puedes abrir y consultar el libro cuando quieras, sin necesidad de tener que completar cada sección. Por otro lado, es posible que no sepas responder algunos ejercicios de forma inmediata. Si se te plantean dudas, anótatelas para consultarlas más adelante.

También encontrarás muchas citas. Utilízalas como pistas adicionales, como enigmas que solo tú puedes resolver y que te empujan a mejorar.

El mundo del tarot está repleto de posibilidades y contingencias, así que es posible que encuentres en este libro algunas definiciones que difieren respecto a las más clásicas. Cada nueva forma de ver las cartas añade un matiz o un detalle.

### *Y AHORA, COMO EN TODAS LAS BUENAS HISTORIAS, ¡EMPEZAMOS EL VIAJE!*

# CAPÍTULO 1

# ARCANOS MAYORES

# ✦ EL LOCO ✦

*"No todos los que vagan están perdidos".*

*J.R.R. TOLKIEN*

El Loco no tiene número. Se le puede encontrar en cualquier época de la vida. Cada aventura surge de su imaginación y de su capacidad para creer en lo imposible. No hay límite de edad para el viaje. Empieza muchas veces, repara caminos rotos y sigue la inspiración de un momento o de toda una vida.

## RECUERDA:

☾

Todo viaje comienza perdiéndose.

La inocencia conduce a la belleza.

Quédate con lo maravilloso.

Cree en lo invisible.

En presencia del caos, busca el suelo bajo tus pies.

# EMPAREJAMIENTOS Y ESPÍRITUS AFINES:

✦ **Caperucita Roja** abandonando el camino y siguiendo su destino. El lobo no siempre es un adversario.

✦ **Alicia** cayendo por un agujero mientras persigue al Conejo Blanco en *Alicia en el País de las Maravillas* Lewis Carroll. Viaja a través de ilusiones, visiones y paradojas.

✦ **El loco** de *El Rey Lear*, bufón de la corte shakesperiana cuya intuición le permite identificar la naturaleza de los acontecimientos y las personas sin incurrir en castigo.

✦ **El Hada Loca** de la tradición irlandesa, poderosa e imprevisible, llamada Amadan-na-Breena en el relato de W.B. El crepúsculo celta.

✦ **El niño** del cuento de Hans Christian Andersen *El traje nuevo del emperador*, que exclama "¡El rey está desnudo!" y dice la verdad.

# EL LOCO EN LA MÚSICA:

 **The Beatles**, *The Fool on the Hill*

# COMPARTE UN MOMENTO EN EL QUE HAYAS PERDIDO EL RUMBO, YA SEA POR PROPIA ELECCIÓN O POR AZAR, Y EXPLICA CÓMO PASÓ

# HAZ UN LISTADO DE LAS COSAS EN LAS QUE CREÍAS DE NIÑO...

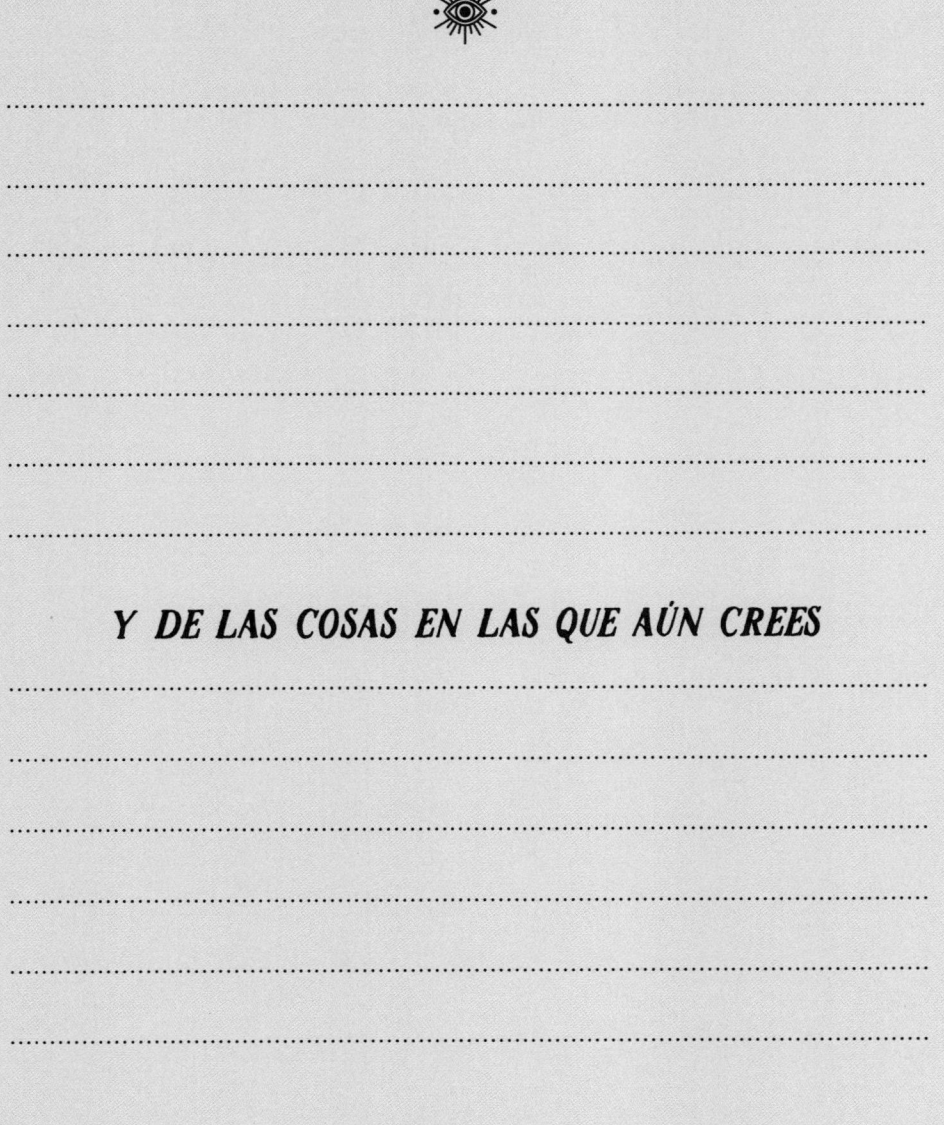

## Y DE LAS COSAS EN LAS QUE AÚN CREES

# ✦ El Mago ✦

> "Pretendo ser, y lo digo en serio,
> el Príncipe de los Ladrones".
>
> HIMNO HOMÉRICO A HERMES

El Mago tiene poder de autodeterminación ante sí mismo y ante los demás. Se centra en su objetivo y emplea todas las herramientas a su alcance para conseguirlo... cueste lo que cueste. Cuenta, crea, conjura, demuestra y, a veces, roba, engaña y estafa. El poder, al fin y al cabo, es la más duradera de las ilusiones.

## RECUERDA:

☽

La determinación empuja el talento hacia la realidad.

Conoce tus herramientas.

La magia es la ilusión que sostiene el mundo.

Hay muchas versiones de la misma historia según el lugar, la época y el narrador.

Crear y destruir a tu antojo no siempre es la mejor opción.

# EMPAREJAMIENTOS Y ESPÍRITUS AFINES:

✦ **Hermes**, mensajero de los dioses en la mitología griega, protector de los viajeros, dios de los ladrones y mercaderes, guardián de las fronteras.

✦ **Próspero**, duque exiliado y mago en la obra *La Tempestad*, de William Shakespeare, cuya magia tiene la capacidad de controlar, conjurar y liberar.

✦ **Circe**, hechicera y diosa menor en *La Odisea* de Homero, transforma a los hombres en amantes y bestias a su antojo.

✦ **Pippi Calzaslargas**, creada por Astrid Lindgren: una niña autónoma, inconformista y muy mentirosa.

✦ **El embaucador** de la tradición nativa americana, a veces humano, a veces animal, resuelve los problemas de la tribu irrumpiendo con su caos y sus excentricidades.

# EL MAGO EN LA MÚSICA:

   **Steeleye Span**, *Two Magicians*

# ESCRIBE TU BIOGRAFÍA EN TRES LÍNEAS.
## A CONTINUACIÓN, ESCRIBE TU BIOGRAFÍA FICTICIA EN OTRAS TRES LÍNEAS. COMPÁRALAS

..............................................................

..............................................................

..............................................................

..............................................................

..............................................................

..............................................................

..............................................................

..............................................................

..............................................................

..............................................................

..............................................................

..............................................................

# MÁRCATE TRES OBJETIVOS, EMPEZANDO CADA FRASE CON "QUIERO". DESPUÉS, ESCRIBE CÓMO PODRÍAS ALCANZARLOS

# La Suma Sacerdotisa

*"Esta es mi carta al mundo, que nunca me escribió -
Las simples noticias que la naturaleza me anunció, con tierna majestad".*

*Emily Dickinson*

La Suma Sacerdotisa recibe, en silencio, mensajes del mundo a su alrededor y extrae de la intuición su profunda sabiduría, lo que crea un espacio interior de inmersión y aceptación en nuestra parte más oculta. La Suma Sacerdotisa habita entre los ancestros y habla su lengua. Ve el mundo con los ojos cerrados, con la clarividencia de su alma.

## RECUERDA:

A veces es necesario detenerse y escuchar.

La comunidad en la que vivimos se compone de vivos y muertos, cuerpos y espíritus.

Quien acepta el poder del pasado se prepara para el futuro.

No es posible entenderlo todo; confía, pues, en el agua, donde se mezclan las lenguas del mundo, siempre fluyendo desde y hacia la vida.

Uno puede permanecer invisible el tiempo que necesite, sin perder el contacto con el mundo.

## EMPAREJAMIENTOS Y ESPÍRITUS AFINES:

+ **La Sibila de Cumas** en su cueva, escribiendo el futuro en hojas y mostrando el camino para reunirse con los seres queridos en el Libro Sexto de *La Eneida* de Virgilio.

+ **Pitia**, el oráculo de la tradición griega, que puede hablar en la lengua de las grandes serpientes en un trance extático.

+ **La Madre del Árbol Anciano**, señora del recuerdo, en el cuento homónimo de Hans Christian Andersen.

+ **Lady Galadriel,** que observa el destino en el agua en la serie *El Señor de los Anillos* de J.R.R. Tolkien.

+ **Emily Dickinson**, que vivió todas las vidas posibles detrás de una ventana.

## LA SUMA SACERDOTISA EN LA MÚSICA:

**Björk**, *Pagan Poetry*

## OBSERVA EL PAISAJE QUE TE RODEA Y TODOS SUS ELEMENTOS. ESCRIBE LO QUE SIENTES SOBRE LA VIDA QUE OBSERVAS

..................................................................................

..................................................................................

..................................................................................

..................................................................................

..................................................................................

..................................................................................

..................................................................................

..................................................................................

..................................................................................

..................................................................................

..................................................................................

# PIENSA EN TUS SERES QUERIDOS FALLECIDOS Y ELIGE A UNO DE ELLOS. ESCRIBE LO QUE TE TRANSMITIÓ Y LO QUE AÚN TE ENSEÑA

# La Emperatriz

*"Con la belleza delante de mí, caminaré*
*Con la belleza detrás de mí, caminaré*
*Con la belleza por encima de mí, caminaré*
*Con la belleza a mi alrededor, caminaré".*

*CANCIÓN NOCTURNA NAVAJO*

En el bosque, entre los escombros, en un lugar de paso, la Emperatriz nutre su entorno con su imaginación. Crea y abre caminos, derriba y regenera la tradición, cura las heridas del cosmos porque le pertenecen. Habita sentimientos fuertes que la exaltan o la destruyen. Su inteligencia busca refugio en el mundo.

## RECUERDA:

☾

Hay que concentrarse en cumplir los sueños de uno en uno.

Puedes vivir con los otros porque forman parte de ti.

El poder de curar es mayor que cualquier cálculo.

Cada herida es una grieta en la que nace un bosque.

Vivir con amor significa dejarse llevar.

# EMPAREJAMIENTOS Y ESPÍRITUS AFINES:

- **Wendy**, la niña de *Las aventuras de Peter Pan*, de J.M. Barrie, que aprende el valor de crecer.

- **La bruja celta Ceridwen**, maestra de la inspiración poética.

- **La Gran Madre** de las culturas prehistóricas y las nuevas espiritualidades.

- **Ana**, la huérfana pelirroja protagonista de *Ana de las Tejas Verdes*, de L.M. Montgomery, cuida de los más pequeños y tiene sed de aprender.

- **Lyra Belacqua** o **Lyra Silvertongue**, la apasionada y valiente niña protagonista de la trilogía de Philip Pullman *His Dark Materials*, que se propone salvar a su amiga.

# LA EMPERATRIZ EN LA MÚSICA:

   **Leonard Cohen**, *Suzanne*

## ¿DE QUÉ O DE QUIÉN CUIDAS?
## HAZ UN LISTADO CON UNA BREVE DESCRIPCIÓN
## PARA CADA ELEMENTO

# DESCRIBE CÓMO TE GUSTARÍA QUE TE CUIDASEN LOS DEMÁS

..................................................................................

..................................................................................

..................................................................................

..................................................................................

..................................................................................

..................................................................................

..................................................................................

..................................................................................

..................................................................................

..................................................................................

..................................................................................

..................................................................................

..................................................................................

..................................................................................

# EL EMPERADOR

*"Ama y haz lo que quieras".*
San Agustín

El Emperador posee el poder de los límites. Conoce los límites, los observa y nos los devuelve para que nuestra voluntad sea más decidida y clara. El Emperador ni oprime ni manda, simplemente elige a quién y qué amar, dando forma a las ideas. En él reside la experiencia de la diferencia entre autoridad y autoritarismo. Sus ojos no juzgan, sino que ofrecen apoyo.

## RECUERDA:

El poder procede de la experiencia directa del mundo y de los demás.

Conocer el final de las cosas es liberarlas.

Se necesita más fuerza de voluntad para enfundar la espada que para desenvainarla.

Devolver la realidad a los demás es el propósito del control.

Controlarse a uno mismo requiere una gran vulnerabilidad.

# EMPAREJAMIENTOS Y ESPÍRITUS AFINES:

✦ **Aragorn en la Tierra Media**, un rey que aprende a regresar del exilio en los libros de *El Señor de los Anillos* de J.R.R. Tolkien.

✦ **El Rey Pescador de la mitología galesa**, cuya salud está vinculada a la salud de la tierra y que pide humildemente a los demás que le curen.

✦ **El conejo Hazel** en *Orejas Largas*, de Richard Adams, que conduce a su comunidad a un nuevo hogar a través de la comprensión y la confianza.

✦ **El joven David**, segundo rey de Israel, que utiliza la inteligencia para vencer a la fuerza bruta en los libros de la Biblia.

✦ **Morgana**, hada y hermana del Rey Arturo en la novela *Las nieblas de Avalon* de Marion Zimmer Bradley, que acepta que su mundo desaparezca para poder quedarse.

# EL EMPERADOR EN LA MÚSICA:

 **David Bowie**, *The Man Who Sold the World*

# HAZ UN LISTADO DE COSAS SOBRE LAS QUE TIENES PODER Y EXPLICA CÓMO LO EJERCES

........................................................................

........................................................................

........................................................................

........................................................................

........................................................................

........................................................................

........................................................................

........................................................................

........................................................................

........................................................................

........................................................................

........................................................................

........................................................................

# HAZ UN LISTADO DE MOMENTOS EN LOS QUE HAYAS SENTIDO LA OPRESIÓN DEL PODER Y EL DESEO DE REBELARTE PARA REDEFINIR TUS LÍMITES

........................................................

........................................................

........................................................

........................................................

........................................................

........................................................

........................................................

........................................................

........................................................

........................................................

........................................................

........................................................

# EL HIEROFANTE ✦

> *"Apunta al cielo y obtendrás la tierra.*
> *Apunta a la tierra y no obtendrás nada".*
>
> *C.S. Lewis*

El Hierofante es el maestro que custodia la tradición. Muestra los caminos que se han recorrido y los que se pueden recorrer, invitando a la búsqueda de la independencia. El Hierofante representa la educación y la crisis. Cuando aparece, tienes que saber que ningún conocimiento es exhaustivo. Su mayor enseñanza te permite elevarte por encima de lo conocido, abriendo la puerta al futuro.

## RECUERDA:

☾

Toda tradición se reinventa constantemente.

Aprender significa entrar en crisis.

Todo buen profesor quiere ser superado por sus alumnos.

Quien educa bendice y guía al mundo.

Estudiar es el primer paso para soñar con crecer.

# CORRESPONDENCIAS LITERARIAS:

- **El león Aslan** en *Las crónicas de Narnia* de C.S. Lewis, cuyo poder sagrado despierta la Tierra Encantada. Como buen maestro espiritual, permite que los niños protagonistas tengan sus propias experiencias vitales.

- **Virgilio** en la *Divina Comedia* de Dante, guía y maestro que sabe cuándo callar y cuándo intervenir.

- **Saraswati**, diosa hindú de la que proceden la escritura, las artes y todo lo que expresa conocimiento y tradición.

- **El gato** que, a pesar de su pánico a las alturas, ayuda a la pequeña gaviota a levantar el vuelo en la novela de Luis Sepúlveda *Historia de una gaviota y del gato que le enseñó a volar*.

# EL HIEROFANTE EN LA MÚSICA:

**Pink Floyd**, *Another Brick in the Wall*

# HAZ UN LISTADO DE LAS COSAS QUE HAS APRENDIDO Y DE QUIÉN TE LAS ENSEÑÓ

.......................................................................

.......................................................................

.......................................................................

.......................................................................

.......................................................................

.......................................................................

.......................................................................

.......................................................................

.......................................................................

.......................................................................

.......................................................................

# DESCRIBE UN MOMENTO DE CRISIS PARA LA SOCIEDAD Y SUS TRADICIONES. HAZ UN LISTADO DE LAS COSAS QUE TE GUSTARÍA CAMBIAR

# LOS AMANTES

*"El amor te mantiene en marcha como un reloj de oro".*

SYLVIA PLATH

Estamos en presencia del amor, la belleza y el deseo que motivan nuestras acciones. Los Amantes encarnan la esencia de la elección que estamos llamados a hacer cuando encontramos a otro en nuestro camino. En las cartas de tarot, los Amantes confían el uno en el otro con dedicación, aceptando renunciar a algo de sí mismos para entrar en una vida compartida.

VI

LOS AMANTES

## RECUERDA:

Amar es confiar en el otro y ofrecerle refugio.

Puedes elegir a tus compañeros de viaje.

Por muchos errores que uno cometa en la vida, lo más importante es haber amado.

Uno puede aprender a encontrar lo mejor de sí mismo en el otro.

Busca a quienes pueden ver tu valía.

# EMPAREJAMIENTOS Y ESPÍRITUS AFINES:

+ **Jane Eyre y el Sr. Rochester**, que se encuentran el uno al otro pasando por muchas dificultades y finalmente experimentan el amor en la novela *Jane Eyre* de Charlotte Brontë.

+ **Eros y Psique**, símbolos en la mitología griega del conocimiento del otro a través de la pérdida.

+ **Scarlett O'Hara**, protagonista de la novela de Margaret Mitchell *Lo que el viento se llevó*, en su larga lección sobre el amor: por la tierra, por sí misma, por un compañero.

+ **Las hadas** engañan, seducen y juegan con los amantes en *El sueño de una noche de verano*, de William Shakespeare.

+ **El perro Buck** en *La llamada de lo salvaje*, de Jack London, que experimenta el amor por los humanos y luego elige su naturaleza salvaje.

# LOS AMANTES EN LA MÚSICA:

 **Nick Cave**, *The Ship Song*

# HAZ UN LISTADO DE COSAS Y PERSONAS QUE AMAS Y HAS AMADO Y ASÓCIALAS A UN ESTADO DE ÁNIMO

# REFLEXIONA SOBRE CUÁNDO EL AMOR SE CONVIERTE EN UNA OBSESIÓN PARA TI Y CÓMO SALES O PODRÍAS SALIR DE AHÍ

# El Carro

*"Realiza todas las acciones abandonando el apego a los frutos de las mismas, mostrándote indiferente al éxito y al fracaso".*

BHAGAVAD GITA, 2, 48

Montar en el Carro significa tomar las riendas de los propios deseos para emprender el camino del destino. El Carro representa la ambición, la capacidad de apuntar directamente a un objetivo, trabajando con confianza para alcanzarlo. No obstante, para los Arcanos también es necesario recordar que el viaje a menudo es más importante que el destino y puede depararnos sorpresas.

VII

EL CARRO

## RECUERDA:

La fuerza de voluntad impulsa y apoya el talento.

Cada objetivo alcanzado es un nuevo comienzo.

El mejor viaje es el que no deja a nadie atrás.

Perseverar en tu búsqueda puede conducir a caminos inesperados y felices.

A medida que avances en el camino, presta atención a los detalles.

# EMPAREJAMIENTOS Y ESPÍRITUS AFINES:

+ **El arquero Arjuna**, aconsejado por el dios Krishna en la piel de su cochero, que en el campo de batalla debe decidir si actuar o retirarse del combate, en el texto sagrado hindú *Bhagavad Gita*.

+ **El carruaje** que conduce a Cenicienta a su destino en el famoso cuento de hadas.

+ **Fújur**, el dragón blanco de la suerte montado por Atreyu en su búsqueda del salvador de la tierra de Fantasía en *La historia interminable*, de Michael Ende.

+ **Phileas Fogg**, que para dar cumplimiento a una apuesta intenta dar la vuelta al mundo en ochenta días (y lo consigue), en la novela de Julio Verne *La vuelta al mundo en ochenta días*.

+ **La Cacería Salvaje** en los cielos otoñales de Europa, en la que los espíritus y los muertos se reúnen con los vivos según la tradición celta y germánica.

# EL CARRO EN LA MÚSICA:

**The Doors**, *Riders On the Storm*

# PIENSA EN UN OBJETIVO QUE HAYAS ALCANZADO EN TU VIDA. ESCRIBE CÓMO LO CONSEGUISTE, QUIÉN TE AYUDÓ, QUÉ CAMBIARÍAS Y QUÉ PASÓ DESPUÉS

# VISUALIZA TUS DESEOS MÁS PROFUNDOS.
## HAZ UN LISTADO QUE EMPIECE POR
### "ME ESFORZARÉ POR"

# ✦ LA FUERZA ✦

> *"Los sentimientos humanos son casi eliminados por las despiadadas necesidades de la guerra, pero en la medida en que siguen existiendo, precarios y amenazados, existen como puros, y en ninguna parte son más puros".*
>
> Simone Weil

Esta carta nos pregunta: ¿Qué es la verdadera fuerza? Nos pide que miremos al alma, que tiene una forma salvaje e indómita, y le hablemos con amabilidad. Nos pide que aprendamos a rendirnos y a aceptar, a no retroceder ante los golpes y las heridas, a hacer de ellos nuestra armadura. La fuerza está expuesta y es vulnerable. En el dolor, la fuerza respira hondo y luego sonríe.

## RECUERDA:

☾

Se necesita tanta fuerza para resistir como para saber cuándo rendirse.

El que es fuerte nunca interrumpe el diálogo con fragilidad.

Puedes elegir vivir con tu oscuridad en lugar de intentar obstinadamente superarla sin comprenderla.

Buscar lo salvaje en cada día es un acto de esperanza.

A veces, el valor calla y observa.

# EMPAREJAMIENTOS Y ESPÍRITUS AFINES:

- **Juana de Arco**, armada solo con su fe en la tediosa marcha de la guerra.

- El valor y el amor a los libros descritos por **Maya Angelou** en su novela autobiográfica *Sé por qué canta el pájaro enjaulado*, contra el trauma de la violencia racial.

- **Mowgli**, el niño adoptado por los lobos en *El libro de la selva*, de Rudyard Kipling, cuya fuerza reside en su conocimiento de todas las lenguas animales.

- **Gerda**, que en el cuento de hadas de Hans Christian Andersen *La Reina de las Nieves* desafía a la escarcha para traer a casa a su amigo Kai.

- **Ruthie Fear**, en la novela homónima de Maxim Loskutoff, consigue aceptar la derrota, el dolor y el destino eligiendo a su imperfecta comunidad humana.

# LA FUERZA EN LA MÚSICA:

**Pixies**, *Caribou*

# HAZ DOS LISTADOS PARA LA *FUERZA*: EN EL PRIMER LISTADO RECOGE TODO LO QUE CONSIDERES ABUSO O VIOLENCIA; EN EL SEGUNDO LISTADO INDICA AQUELLO QUE RECONOZCAS COMO VALOR O RESISTENCIA.

*LA FUERZA ES TAMBIÉN UNA CARTA PARA CONTACTAR CON LOS ANIMALES. IMAGINA TU ANIMAL INTERIOR SEGÚN TUS SENTIMIENTOS Y DESCRÍBELO. TRATA DE IDENTIFICAR UN ANIMAL CON LA IRA, EL AMOR, EL MIEDO, ETC.*

# EL ERMITAÑO

*"Mi dolor - no podía despertar
Mi corazón a la alegría en el mismo tono.
Y todo lo que amé, lo amé solo".*

EDGAR ALLAN POE

En el sendero de la montaña, el Ermitaño enciende su lámpara, que brilla con sus intenciones y sueños. Avanza lentamente, deteniéndose de vez en cuando para contemplar el paisaje o conversar con las estrellas. Su soledad está llena de palabras y revelaciones. El Ermitaño pide consagrar su existencia a la búsqueda de la verdad y de la esencia personal.

IX

EL ERMITAÑO

## RECUERDA:

Toda la luz sale de las grietas de las sombras, como el alma que emerge de un manto.

Puedes maravillarte con las lecciones que cualquier cosa te puede ofrecer.

La soledad no es triste si tu mirada está abierta y tu corazón conversa con los vivos.

Cuando no sepas cómo resolver una situación, detente, medita y observa.

Sé tu propio compañero de viaje.

# EMPAREJAMIENTOS Y ESPÍRITUS AFINES:

✦ La lentitud de **Bárbol**, guardián del bosque de Fangorn en la *Tierra Media* inventado por J.R.R. Tolkien.
Su sabiduría es antigua y contracultural.

✦ **El nigromante bíblico** de la ciudad de Endor, exiliado por el rey, que se comunica con los espíritus de los muertos.

✦ **Henry David Thoreau** cuando decidió vivir en una cabaña del bosque de Walden durante dos años.

✦ **Han Shan**, poeta chino y ermitaño con sombrero de abedul, que vivió y escribió en Monte Frío.

# EL ERMITAÑO EN LA MÚSICA:

**Fleet Foxes**, *Tiger Mountain Peasant Song*

## IMAGINA O RECUERDA UN LUGAR SECRETO DE TU INFANCIA. CON TU MENTE, REFÚGIATE ALLÍ Y DESCRÍBELO

......................................................................................

......................................................................................

......................................................................................

......................................................................................

......................................................................................

......................................................................................

......................................................................................

......................................................................................

......................................................................................

......................................................................................

......................................................................................

# HAZ DOS LISTADOS PARA LA SOLEDAD: EN EL PRIMERO, ENUMERA LOS ASPECTOS NEGATIVOS; EN EL SEGUNDO, LOS POSITIVOS

...........................................................................................

...........................................................................................

...........................................................................................

...........................................................................................

...........................................................................................

...........................................................................................

...........................................................................................

...........................................................................................

...........................................................................................

...........................................................................................

...........................................................................................

...........................................................................................

# ✦ La Rueda de la Fortuna ✦

*"Aprende a aprovechar la fortuna".*
Johann Wolfgang von Goethe

Todos nacemos en la Rueda de la Fortuna, que nunca deja de girar, llevándonos a ver la realidad desde distintos ángulos: algunos incómodos, otros privilegiados, pero ninguno inmutable. ¿Cómo se enfrenta uno al destino? ¿Debemos anticiparnos a sus movimientos, o es mejor tratar de eludirlo? La Rueda trae cambio, trae novedad. Nos invita a saber que no todo se puede controlar.

LA RUEDA DE LA FORTUNA

## RECUERDA:

✦☾

Todo final se funde inevitablemente con un principio.

Lo que se había planeado puede verse alterado por un acontecimiento imprevisible.

Ten una conversación con tu suerte, con la adversidad, con lo desconocido.

Se pueden encontrar oportunidades incluso en el lado adverso del destino.

Tu destino se adapta y fluctúa con el del mundo.

## EMPAREJAMIENTOS Y ESPÍRITUS AFINES:

+ **Las tres diosas del destino** en la tradición grecorromana, encargadas de hilar, medir y cortar el hilo del destino.

+ La lucha desigual entre la familia **Malavoglia** y su destino como pescadores, gobernados por el mar, en la novela homónima de Giovanni Verga.

+ **El huérfano Pip**, protagonista de *Grandes esperanzas* de Charles Dickens, que ha de proteger el valor de la amistad y el amor frente a un destino sorprendente.

## LA RUEDA DE LA FORTUNA EN LA MÚSICA:

 Joni Mitchell, *The Circle Game*

# ESCRIBE SOBRE UN MOMENTO EN EL QUE LA VIDA TE HAYA SORPRENDIDO, YA SEA POSITIVA O NEGATIVAMENTE. DESCRIBE CÓMO TE CAMBIÓ

## DIRIGE UNA ORACIÓN A LA RUEDA, IMAGINÁNDOTE EN LO ALTO DE ELLA MIENTRAS ESTÁ EN MOVIMIENTO

....................................................................

....................................................................

....................................................................

....................................................................

....................................................................

....................................................................

....................................................................

....................................................................

....................................................................

....................................................................

....................................................................

....................................................................

# ✦ La Justicia ✦

> *"No penséis que he venido a traer la paz a la tierra.*
> *No he venido a traer la paz, sino la espada".*
>
> *Evangelio de Mateo 10:34-36*

La Justicia repara los agravios y redistribuye el mérito mucho más allá de la acción de los tribunales. Es la ley cósmica que nos rige y que resuena en lo más profundo de nuestro ser. Cada día, la Justicia plantea la pregunta: ¿Qué es lo justo? ¿Por qué sufrimos? ¿Dónde encontraremos compensación por nuestras luchas? La respuesta brilla en algún lugar en el filo de la espada.

## RECUERDA:

☽

Lo que parece injusto en nuestra historia
se diluye en el vivir del universo.

Mantén un corazón ligero, para que incluso una tormenta
pueda levantarlo sin dañarlo.

Las cosas funcionan con o sin nuestra ayuda,
pero todas cooperan para el bien.

La Justicia es un pacto no agresivo con el alma del mundo.

La lealtad y la humildad son hermanas de la Justicia.

# EMPAREJAMIENTOS Y ESPÍRITUS AFINES:

- **Atticus Finch**, padre de Scout, la niña protagonista de la novela de Harper Lee *Matar a un ruiseñor*, que explica a sus hijos por qué no se debe disparar a los gorriones.

- **Sedna**, Madre de los Animales Marinos en la tradición Inuit, exiliada y asesinada por su comunidad en forma humana, que dispensa alimentos o hambruna desde las profundidades del mar.

- **Mabel**, el azor de la novela *H is for Hawk*, de Helen Macdonald, que, en medio de la tragedia de una pérdida repentina, ayuda a la mujer a reconocer la feroz dignidad de lo que sigue existiendo.

- El perdón y la justicia espiritual de **Alexei Karamazov** en la novela de Fiódor Dostoievski *Los hermanos Karamazov* actúan como caminos hacia la sabiduría y la inocencia.

- **Dios**, revelando a Job la grandeza del cosmos comparada con el dolor de un solo hombre.

# LA JUSTICIA EN LA MÚSICA:

**Bob Dylan**, *Knockin' On Heaven's Door*

# ¿CUÁNDO SIENTES QUE ALGO ES INJUSTO? ¿Y CUÁNDO CREES QUE ESTÁ BIEN? HAZ UN LISTADO

# REDACTA UN CONTRATO IMAGINARIO CON TU ALMA, ESTABLECIENDO QUÉ VALORES HAN DE SER RESPETADOS Y QUÉ OBJETIVOS QUERÉIS ALCANZAR JUNTOS

# El Ahorcado

> *"¡No descanso de mi gran tarea!*
> *Abrir los Mundos Eternos, abrir los inmortales Ojos*
> *del Hombre a los mundos del pensamiento: hacia la Eternidad*
> *en expansión en el seno de Dios, la Imaginación Humana".*
>
> WILLIAM BLAKE

El Ahorcado se pone del revés para obtener una visión diferente de la realidad. Necesita invertir su perspectiva, interrumpir su viaje cotidiano y embarcarse en uno espiritual, vagando por otros mundos mientras su cuerpo sigue en el presente. En la carta del Ahorcado, experimentamos el poder del amor sacrificial, de la abnegación consciente en nombre de un conocimiento superior.

XII

EL AHORCADO

## RECUERDA:

La claridad es una luz que puede brotar del interior.

No subestimes la espera; mientras tanto, conoce tu potencial.

Puedes escuchar la voz que dice "Sumérgete, toca el fondo, mira lo que florece ahí abajo".

Cuando las cosas son incomprensibles, es posible invertir la perspectiva y reflexionar.

Ningún sacrificio debe conducir a la aniquilación de tu yo.

# EMPAREJAMIENTOS Y ESPÍRITUS AFINES:

✦ **Odín**, padre de los dioses en la mitología escandinava, colgado del árbol cósmico para hacer brotar de su cabeza las runas del conocimiento.

✦ **La diosa Luonnotar** del poema épico finlandés *Kalevala*, fecundada por el viento y las olas, que soportó la carga de su embarazo durante setecientos años, creando el mundo.

✦ **La araña Charlotte**, suspendida de su hilo, ayudando invisiblemente al cerdito Wilbur a sobrevivir en el libro *La telaraña de Charlotte* de E.B. White.

✦ **El marinero fenicio Fleba**, ahogado y dispuesto a resucitar en el poema de T.S. Eliot *La tierra baldía*.

✦ **La espera de la selkie**, una criatura de tradición celta que, privada de su piel de foca, vive durante años como devota esposa y madre hasta que puede regresar al océano.

## EL AHORCADO EN LA MÚSICA:

   Tori Amos, *Crucify*

# INTENTA MIRARTE A TI MISMA A TRAVÉS DE LOS OJOS DE LOS DEMÁS. DESCRÍBETE ADOPTANDO LA PERSPECTIVA DE ALGUIEN CERCANO A TI

...............................................................................................

...............................................................................................

...............................................................................................

...............................................................................................

...............................................................................................

...............................................................................................

...............................................................................................

...............................................................................................

...............................................................................................

...............................................................................................

...............................................................................................

...............................................................................................

# ESCRIBE CUÁNDO Y CÓMO PUEDES SER DE AYUDA MIENTRAS ESTÁS EN LA SOMBRA

# La Muerte

> *"La muerte, niña, está volviendo.*
> *La muerte retrocede".*
>
> **Marina Cvetaeva**

La Muerte es tradicionalmente la carta de los Arcanos sin nombre, el misterio que hace que nuestras vidas sean únicas y preciosas. Ante la Muerte, no nos enfrentamos a un final inexorable, sino que entramos en un proceso de transformación para dejar atrás la piel que ya no necesitamos. En la Muerte nos preparamos para ponernos el vestido del futuro.

XIII

LA MUERTE

## RECUERDA:

Morimos muchas veces en una sola existencia.

La muerte marca el final de un ciclo.
Debemos afrontarla con serenidad.

Detenerse en algo que ya ha concluido no aporta beneficios a largo plazo, solo ilusiones.

Tomar conciencia de la muerte significa reactivar la memoria personal y colectiva.

Todo es transformación: la oruga, la crisálida y la mariposa existen en ti en diferentes momentos.

# EMPAREJAMIENTOS Y ESPÍRITUS AFINES:

✦ **Filemón y Baucis**, pareja terrenal de la mitología griega que, tras su muerte, fueron transformados por Zeus en un roble y un tilo de troncos entrelazados.

✦ La caída al abismo del hechicero **Gandalf el Gris** y su regreso como Gandalf el Blanco en la Tierra Media de Tolkien.

✦ **Siddhartha Gautauma,** que alcanzó el Nirvana y se convirtió en Buda en la tradición india.

✦ **Gilgamesh**, el héroe de la epopeya babilónica que busca y pierde la planta de la inmortalidad, aceptando su destino humano.

# LA MUERTE EN LA MÚSICA:

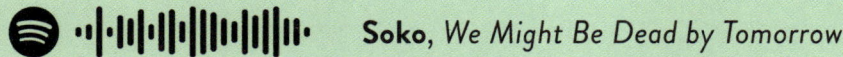

**Soko,** *We Might Be Dead by Tomorrow*

# PIENSA EN LOS MOMENTOS IMPORTANTES DE TU VIDA Y ANÓTALOS. ESCRIBE QUÉ HAS PERDIDO Y QUÉ HAS ENCONTRADO

# PIENSA EN EL VERBO "MORIR" Y ENCUENTRA OTROS VERBOS, POSITIVOS O NEGATIVOS, QUE PUEDAN EXPRESAR SUS DISTINTOS SIGNIFICADOS

# LA TEMPLANZA

*"Todo está lleno y trastornado,
todo, oscuro, triunfa y se postra".*

ANDREA ZANZOTTO

La Templanza es un ángel que mezcla las aguas de dos cántaros diferentes: el bien y el mal, los deseos y las necesidades, nosotros mismos y los demás. Al hacerlo, se convierte en guardiana de la vida y sus cambios. No revela tanto un uso moderado de nuestra energía, sino que más bien revela el ajuste constante de nuestra forma de sentir a la del mundo.

## RECUERDA:

La Templanza une alquímicamente los opuestos; no renuncia a nada.

Todo lo bueno siempre va acompañado de una oscuridad igual de grande: conoce ambas cosas.

El equilibrio armónico de las partes es el esfuerzo por crecer entre los demás.

El equilibrio se encuentra pasando por excesos y dificultades.

En la adversidad y en la belleza, todo se dice y se sostiene de todos modos.

# EMPAREJAMIENTOS Y ESPÍRITUS AFINES:

+ **Beatrice** cuando se encuentra con Dante en el Paraíso Terrenal: en ella, la severidad y el perdón existen recíprocamente.

+ **El misterioso ángel Skellig**, protagonista de la novela homónima de David Almond, que se alimenta de arañas y vive en un garaje, pero ayuda a salvar la vida de una recién nacida, hermana del niño protagonista.

+ **El asno del adivino Balaam**, la única criatura que vio al ángel del Señor en el camino hacia la tierra de Moab en un episodio bíblico.

# LA TEMPLANZA EN LA MÚSICA:

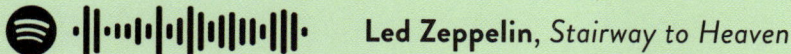

**Led Zeppelin**, *Stairway to Heaven*

# ¿QUÉ ASPECTOS DE TI MISMA PUEDES Y DEBES HACER MÁS ARMONIOSOS? HAZ UN LISTADO

# PIENSA EN MOMENTOS DE TU VIDA EN LOS QUE TE HAYAS SENTIDO PROTEGIDA. DESCRÍBELOS

# El Diablo

> *"Si no creyera en la vida, si perdiera la fe en la mujer que amo, si perdiera la fe en el orden de las cosas, si estuviera convencido de que todo es un caos desordenado, maldito y tal vez diabólico, si me asaltaran todos los horrores de la desilusión del hombre, seguiría queriendo vivir".*
>
> FYODOR DOSTOEVSKY

El Diablo alza su antorcha e ilumina los caminos que se abren más allá de su cuerpo. Para recorrerlos, hay que enfrentarse a él, conociendo el valor de la luz. El Diablo representa la fuerza instintiva, la pasión, la capacidad de ir contracorriente, pero también la entrega incontrolada a la vida de nuestros sentidos. Liberarse de sus cadenas es un acto de voluntad.

XV

EL DIABLO

## RECUERDA:

Forjamos en nosotros mismos las cadenas más insidiosas.

No hay que temer a la oscuridad, pero en el camino hay que buscar siempre un punto de luz.

El Diablo divide, engaña y revela a quienes no se atreven a apartar la mirada.

Eleva tu espíritu de la felicidad material a una alegría más duradera, pero no olvides que del cuerpo partimos y a él volvemos.

Pase lo que pase, no devalúes ni reprimas tu pasión: créale límites.

## EMPAREJAMIENTOS Y ESPÍRITUS AFINES:

- **Paolo y Francesca** en el *Infierno* de Dante, y todos los amantes infelices que vivieron y murieron por su pasión.

- **El diablo** del cuento *La doncella sin manos* de los hermanos Grimm, siendo ésta incapaz de tomar posesión de sí misma o de su alma.

- **El dios Pan** en la mitología griega, que despierta la naturaleza salvaje y la sexualidad en oposición al conformismo.

- **Heathcliff**, un hombre atormentado en la novela de Emily Brontë *Cumbres Borrascosas*, cuyo espíritu se refleja en los páramos y solo encuentra paz en la tumba, junto a la mujer que más anhelaba.

- **El diablo Woland** en *El maestro y Margarita*, que llegó a Moscú como profesor experto en magia, trayendo caos, subversión y vitalidad.

## EL DIABLO EN LA MÚSICA:

**The Rolling Stones**, *Sympathy for the Devil*

# PIENSA EN LOS MOMENTOS EN QUE TE SIENTES ATRAPADA Y DESCRIBE LA SITUACIÓN. ¿TE OCURRE A MENUDO? ¿ES UNA SITUACIÓN QUE SE REPITE? ¿CÓMO PUEDES SALIR DE ELLA?

....................................................................

....................................................................

....................................................................

....................................................................

....................................................................

....................................................................

....................................................................

....................................................................

....................................................................

....................................................................

....................................................................

# DESCRIBE TODOS TUS MIEDOS
## E IMAGÍNATE CÓMO VIVIR CON ELLOS,
### SIN DEJAR QUE TE ABRUMEN

# ✦ La Torre ✦

*"Deja hablar a la gente y ven conmigo:*
*sé como aquella torre que no tiembla*
*nunca su cima aunque los vientos soplen;*
*pues aquel en quien bulle un pensamiento*
*sobre otro pensamiento, se extravía,*
*porque el fuego del uno ablanda al otro".*

Dante Alighieri

La Torre es destrozada por un rayo, como presagio de fatalidad: derrumbe, fin, devastación. Todos los sueños se desmoronan. Pero la luz que brota del cielo es también reveladora. Elimina toda ilusión y aniquila la arrogancia. Reducidos a escombros, los muros de la Torre dejan paso al paisaje y al horizonte, y la conciencia traumatizada despierta.

XVI

LA TORRE

## RECUERDA:

☽

Se puede estar en la confusión, el colapso
y el fin de un mundo sin desaparecer.

La ambición humana no puede prescindir del mundo,
que dicta sus límites y dimensiones.

La verdad existe incluso en la destrucción; recupera
lo que te es querido y busca otro camino.

Los cambios pueden ser drásticos. Acéptalos.
Empieza de nuevo.

A veces, huir y desertar es mejor
que quedarse y luchar.

# CORRESPONDENCIAS LITERARIAS:

- ✦ **La vieja torre** llena de rendijas donde el poeta W.B. Yeats pasó gran parte de su vejez, inspirándose para sus mejores poesías.

- ✦ **Rapunzel**, del clásico cuento de hadas, perdida hasta su liberación de la torre.

- ✦ **Las dos Torres** simbolizan el poder en la Tierra Media de J.R.R. Tolkien.

- ✦ **Padre e hijo**, en la novela *La carretera* de Cormac McCarthy, se aventuran juntos en un planeta devastado.

# LA TORRE EN LA MÚSICA:

 **The Cure**, *Disintegration*

ESCRIBE SOBRE UN MOMENTO EN EL QUE SE HAYA PRODUCIDO UN CAMBIO IMPORTANTE EN TU VIDA. ¿QUÉ LO DESENCADENÓ? ¿QUÉ APRENDISTE? ¿CÓMO VOLVISTE A EMPEZAR?

# LA TORRE SE HA DERRUMBADO. DESCRIBE TODO LO QUE VES ANTE TI

...............................................................................

...............................................................................

...............................................................................

...............................................................................

...............................................................................

...............................................................................

...............................................................................

...............................................................................

...............................................................................

...............................................................................

...............................................................................

...............................................................................

# ✦ LA ESTRELLA ✦

*"Veo las estrellas flamear,*
*altas en el azul más puro,*
*reflejadas a lo lejos por el mar:*
*el universo centelleando con chispas*
*que ruedan por el vacío tranquilo".*

GIACOMO LEOPARDI

Junto al río, de noche, uno se encuentra con una criatura mansa que vierte agua sobre una piedra o simplemente se expone, desnuda. Es la Estrella que bajó a la tierra como hija de todos los hombres. Ella nos consuela en nuestro sufrimiento, se introduce suavemente en nuestra alma, haciéndola brillar. Todo sueño, en ella, es digno y verdadero.

XVII

LA ESTRELLA

## RECUERDA:

✦ ☾

Existes en el mundo para soñar con el cielo,
que es tu hogar al igual que la Tierra.

La Estrella baja desarmada. Desármate ante ella.

Puedes construir la esperanza en el presente
convirtiendo los deseos en semillas.

La Estrella habla a los oprimidos y a nuestra parte
más frágil, para que se levante y nos cure.

Cuando todo está perdido, brilla.

## EMPAREJAMIENTOS Y ESPÍRITUS AFINES:

- ⊹ **El último regalo** de la caja abierta de Pandora, que contenía todos los males del mundo en la mitología griega, fue la esperanza.

- ⊹ **El lento y obstinado diálogo de los árboles con la existencia** en esta época de crisis en el libro de Richard Powers *The Overstory*.

- ⊹ **El hada-estrella** que cayó a la Tierra en la novela *Stardust*, de Neil Gaiman, salvada por el amor de un ser humano.

## LA ESTRELLA EN LA MÚSICA:

 **Portishead,** *Wandering Star*

# ¿EN QUÉ TIENES ESPERANZA?
## HAZ UNA LISTA, ESCRIBIENDO DESDE TU INSTINTO

.................................................................
.................................................................
.................................................................
.................................................................
.................................................................
.................................................................
.................................................................
.................................................................
.................................................................
.................................................................
.................................................................
.................................................................
.................................................................
.................................................................

# ¿QUÉ SIGNIFICA CURARSE DE LAS HERIDAS? PON ALGUNOS EJEMPLOS PERSONALES

# ✦ La Luna ✦

"En la roca gris de Cashel el ojo de la mente
Ha convocado a los espíritus fríos que nacen
Cuando la vieja luna desaparece del cielo
Y la nueva aún esconde su cuerno".

WILLIAM BUTLER YEATS

La Luna vela por nuestro lado sombrío: el universo de los sueños, el inconsciente, la percepción del futuro, pero también nuestras angustias, ilusiones y emociones reprimidas. El animal estira el hocico hacia ella y aúlla o canta, según nuestra voluntad de acompañarle. La Luna nos invita a enfrentarnos al engaño, desafiándolo con su luz blanca.

XVIII

LA LUNA

## RECUERDA:

✦☾

Hay un mapa en tus sueños nocturnos. Descífralo.

Confía en el instinto cuando la visión es borrosa.

Alimenta tu propio enfoque de la existencia, recordando que nada es nunca lo que parece y que todo siempre muere y vuelve.

Cuida tu inestabilidad; mece tu Luna de vez en cuando.

Durante un viaje por mar, recuerda la inmensidad que se esconde bajo tus pies.

## EMPAREJAMIENTOS Y ESPÍRITUS AFINES:

+ **La Luna a la que se dirige el pastor** en el poema *Canto nocturno de un pastor errante en Asia* de Giacomo Leopardi.

+ **La luna enterrada en el pantano por espíritus malignos** y liberada por un hombre para que pueda volver al cielo más espléndida, tal y como se cuenta en un cuento de hadas inglés del mismo nombre.

+ **Astolfo viajando a la Luna** para recuperar el ingenio perdido del héroe Orlando, en el poema caballeresco *Orlando furioso* de Ludovico Ariosto.

+ **Hécate**, reina de los demonios y espectros, guardiana de las fronteras y los cruces de caminos bajo la Luna en la mitología griega.

## LA LUNA EN LA MÚSICA:

   Nick Drake, *Pink Moon*

# MIRA LA LUNA Y ESCRIBE CÓMO TE HACE SENTIR EN SUS DIFERENTES FASES (CRECIENTE, LLENA, MENGUANTE, NUEVA)

# CREA UNA LISTA DE ILUSIONES
## QUE HAS CONSEGUIDO RECONOCER

# ✦ El Sol ✦

*"Como hacen los niños al sol del mediodía".*
### Elizabeth Barrett Browning

El Sol es bienestar, éxito y felicidad compartida. Todo lo bueno está iluminado por su luz y nos hace disfrutar del presente. El Sol nos enseña a contentarnos con lo que tenemos a nuestro alrededor, reconociendo por fin su valor y su singularidad. En el resplandor del astro diurno, también nosotros nos revitalizamos, ganamos confianza en nosotros mismos y expresamos nuestra creatividad.

XIX

EL SOL

## RECUERDA:

✦ ☾

El Sol ayuda a aportar claridad interna y externa.

Uno puede alegrarse cada día por las pequeñas cosas.
La sabiduría es simple.

Al Sol, todas las sombras retroceden.

Sonríe, baila, salta, vuelve a la infancia siempre que puedas.

Mantenerse fiel a uno mismo también significa
olvidarse de la belleza del día.

# CORRESPONDENCIAS Y AFINIDADES:

+ **El sol poniente** que Ponyboy, el protagonista de la novela de Susan Eloise Hinton *The Outsiders*, ve cada noche desde su bloque. El mismo sol que se pone sobre los barrios ricos.

+ **Tom Bombadil**, "el más viejo y el que no tiene padre", cuya alegre vida en la Tierra Media de Tolkien continúa, inmune al mal.

+ **El Sol que todo lo ve** pero que cede ante la belleza de Julieta en la tragedia de Shakespeare *Romeo y Juliet*.

# EL SOL EN LA MÚSICA:

**The Velvet Underground,** *Ride Into the Sun*

# ¿QUÉ COSAS COTIDIANAS TE HACEN FELIZ?
## HAZ UN LISTADO

# ¿QUÉ PUEDES HACER PARA SENTIRTE FELIZ Y ALEGRE CON LOS DEMÁS? DESCRIBE UNA O VARIAS SITUACIONES

# EL JUICIO

> *"Esta alma en mi corazón es más grande que la tierra, más grande que el espacio atmosférico, más grande que el cielo, más grande que los mundos".*
>
> CHĀNDOGYA UPANIṢAD

En el Juicio, nuestra vocación surge de la tierra y nos habla. Canta como una golondrina, suena como el viento en las flautas. Nos despierta. Después de mucho esperar y vagar, el Juicio nos permite vivir y expresar todo nuestro potencial. En esta carta, la realidad y los sueños por fin coinciden, como siempre lo han hecho, una voz interior nos repite.

## RECUERDA:

Puedes empezar a pensar en ti mismo en el futuro.

En el Juicio, el futuro ya está contigo; te dice "Levántate".

Todo el mundo tiene una llamada a la que responder, que puede ser a la vez aterradora y alegre. ¿Cuándo la aceptarás?

En el Juicio, critica el pasado, aprécialo, haz de él una base desde la que emprender el vuelo.

Nunca es demasiado tarde para que llegue tu hora.

El tiempo viaja en círculos dentro del alma.

## CORRESPONDENCIAS Y AFINIDADES:

- ✦ **Nils Holgersson**, el protagonista del libro de Selma Lagerlöf *El maravilloso viaje de Nils Holgersson*, que después de un año regresa como un niño en forma de duende que viaja con gansos salvajes y no olvida a sus compañeros animales.

- ✦ **La escritora Janet Frame** en sus libros autobiográficos: el largo camino para saber ser feliz con lo que uno es, a pesar de todos los sufrimientos, distanciamientos e incomprensiones de la sociedad.

- ✦ **El Patito Feo** del cuento homónimo de Hans Christian Andersen, cuando por fin descubre que es el más bello de los cisnes.

## EL JUICIO EN LA MÚSICA:

**Patti Smith**, *People Have the Power*

PIENSA EN TU VOCACIÓN. ¿QUÉ SABES Y PUEDES HACER? ¿QUÉ NO HAS INTENTADO TODAVÍA? ¿QUÉ MIEDO TE ESTÁ BLOQUEANDO Y CÓMO PUEDES LIBRARTE DE ÉL? ESCRIBE SOBRE ELLO

# PIENSA EN UNA SITUACIÓN DIFÍCIL DE TU VIDA. DESCRÍBELA. IMAGINA FORMAS DE SALIR DE ELLA

....................................................................

....................................................................

....................................................................

....................................................................

....................................................................

....................................................................

....................................................................

....................................................................

....................................................................

....................................................................

....................................................................

# ✦ EL MUNDO ✦

*"Seas quien seas, no importa lo solo que estés,
el mundo se ofrece a tu imaginación".*

MARY OLIVER

El mundo es el final del viaje. Cuando lo alcanzamos, nos damos cuenta de que siempre hemos estado allí, de que todo estaba ya tranquilo y luminoso a nuestro alrededor. Pero la más increíble de las aventuras es el regreso a casa, el redescubrimiento de lo que conocemos, la constatación de que nada se da por sentado. En el Mundo, estamos en casa. Nos convertimos en hogar.

## RECUERDA:

✦☽

Los Mundos están tejidos con hilos invisibles de amor, esperanza, valor e incluso miedo.

Busca tu propia pertenencia abriendo el Mundo a los demás.

Cada día, algo se rompe para que pueda vivir, y eso forma parte de la belleza.

No rechaces la falta de armonía: forma parte de tu singularidad.

Habita la intensidad de la entrega. Cuando termine el viaje, dispérsate en el paisaje.

# EMPAREJAMIENTOS Y ESPÍRITUS AFINES:

+ **La tierra de Fantasía**, amenazada por la Nada en la novela de Michael Ende *La historia interminable*, que solo un niño humano puede salvar.

+ **El País de Nunca Jamás**, donde viven Peter Pan y los Niños Perdidos, en el cuento de aquellos que han regresado.

+ **Los numerosos mundos paralelos** separados por fronteras invisibles en la trilogía *His Dark Materials* de Philip Pullman.

+ **El sueño del dios hindú Visnú**, tendido sobre la gran serpiente y a la deriva en las aguas primigenias, a partir del cual todo se genera como un sueño.

+ **La pequeña Dorothy** abandona la mágica tierra de Oz y redescubre la alegría familiar en la gris Kansas de donde procede, en *El maravilloso mago de Oz*, de L. Frank Baum.

# EL MUNDO EN LA MÚSICA:

 **Danit**, *Naturaleza*

## DESCRIBE TUS MUNDOS; HAZ UN LISTADO. PUEDES INCLUIR LA CASA DONDE VIVÍAS, EL LUGAR DONDE TRABAJAS, LA CASA EN LA QUE VIVES AHORA, LA CIUDAD O EL CAMPO

# DESCRIBE EL MUNDO DE TUS SUEÑOS E IMAGÍNATE HACIÉNDOLO REALIDAD

# RELACIONES ENTRE LOS ARCANOS MAYORES

A continuación, recogemos algunas frases inspiradoras que relacionan cartas de los Arcanos Mayores en parejas, tríos y cuartetos, según un tema común. Se pueden establecer conexiones y correspondencias entre todos los Arcanos.

+ Cada artista viste las ropas del Loco, crea su universo en el **Mago** y ve cómo el tiempo se invierte en el **Ahorcado**.

+ La curación a través del abrazo de la **Emperatriz**, la hermandad entre criaturas en la **Fuerza**, la esperanza de las **Estrellas**.

+ La memoria nos habla a través de las percepciones y los misterios de la **Suma Sacerdotisa** y de las tradiciones culturales y familiares del **Hierofante**.

+ La voluntad se abre camino en el **Emperador**, elige en los **Amantes**, se vuelve ingeniosa en el **Carro**, se eleva a sabiduría en soledad en el **Ermitaño**.

+ Olvídate de quién eres en el sueño y de los animales de la **Luna** antes de brillar en el **Sol**.

+ Acepta el movimiento alternativo de la **Rueda** para conocerte a ti mismo en el **mundo**.

✦ Todo lo que existe tiene su curso en la **Justicia**, es custodiado por la **Templanza**, encuentra su lugar en el **Juicio**.

✦ La experiencia se enfrenta abiertamente al **Diablo**, puede desprenderse del pasado en la **Muerte**, reinicia el camino después de la **Torre**.

## *REFLEXIONA SOBRE LOS EJEMPLOS CITADOS; IMAGINA Y ESTABLECE TUS PROPIAS CONEXIONES*

◉

................................................................................

................................................................................

................................................................................

................................................................................

................................................................................

................................................................................

................................................................................

................................................................................

# CAPÍTULO 2

# PALOS

# ✦ Bastos ✦

Los Bastos se asocian al fuego, la primavera, la energía impulsora del espíritu, la imprevisibilidad del genio y la luz de los que se levantan y perduran en tiempos adversos. Los Bastos extraen su vitalidad y su destructividad del fuego; encarnan su entusiasmo, su pasión y su ferocidad. Cada vez hay que encontrar un propósito, para no desperdiciar su gran potencial. Y recordar que los demás se benefician o sufren las consecuencias de nuestros actos.

## PALABRAS CLAVE

**INSTINTO**

**VOLUNTAD**

**IMPREVISIBILIDAD**

**CARISMA**

**DISCONFORMIDAD**

**ASERTIVIDAD**

**DEFENSA**

**ELECCIÓN**

**VISIÓN**

**FÍSICA**

## RECUERDA:

Un basto puede golpear, defender, elevarse, ser lanzado al aire e incluso ondear.

Puedes llevar una carga imposible de proyectos, o puedes elegir con qué quedarte y plantar tu propio basto/árbol.

Utiliza el fuego para iluminar, pero quémalo cuando esté seco y ya no sea necesario.

Da calor a tus seres queridos sin asfixiarlos.

Cuando utilices el poder de los Bastos para destruir, llévate una bolsa de semillas

para empezar de nuevo en otro lugar.

Observa cómo avanza el futuro hacia ti: no tengas prisa.

Exponte para defenderte y no para atacar.

# COMPARTE EN UNAS LÍNEAS:

### UNA SITUACIÓN EN LA QUE ACTUASTE DE FORMA IMPREVISIBLE Y CON UN RESULTADO POSITIVO.

.................................................................

.................................................................

.................................................................

### UNA SITUACIÓN EN LA QUE DEFENDISTE ALGO, A ALGUIEN O TUS VALORES.

.................................................................

.................................................................

.................................................................

### UNA SITUACIÓN DE CELEBRACIÓN Y ALEGRÍA COMPARTIDA.

.................................................................

.................................................................

.................................................................

### UN JUEGO IMAGINATIVO QUE PRACTICASTE EN LA INFANCIA.

.................................................................

.................................................................

.................................................................

# ✦ Copas ✦

Las Copas se asocian con el agua, con el verano, con la emotividad y la mutabilidad de los sentimientos, con la curación a través del conocimiento del dolor, con los sueños profundos e íntimos que animan nuestras elecciones más importantes. Como el agua, las Copas acogen, refrescan, curan; a veces, no obstante, en ellas corremos el riesgo de estancarnos o de vernos lentamente desbordados por nosotros mismos. El agua de las Copas, en cambio, debe fluir libremente: por nuestra garganta, por la tierra e incluso por nuestros ojos a través del llanto.

## PALABRAS CLAVE

SENTIMIENTO

FRAGILIDAD

EMPATÍA

BIENVENIDA

RECUERDO

COMPASIÓN

ARMONÍA

ADAPTABILIDAD

AMABILIDAD

VOLUBILIDAD

## RECUERDA:

Es necesario aprender a nadar en los sentimientos, como en el océano más oscuro y brillante.

No guardes la copa solo para ti; viértela en otro lugar con cuidado.

Bebe del cáliz de la vida, ofrécelo, llénalo de recuerdos y sueños.

Tómalo en tus manos.

En el dolor, no te sientas víctima. Déjalo pasar sin miedo.

Mira siempre más allá, por debajo de la superficie.

Ama lo que eres y ama lo que los demás son en ti.

# COMPARTE EN UNAS LÍNEAS:

### UNA SITUACIÓN EN LA QUE AMASTE MUCHO Y RECIBISTE AMOR.

...............................................................................

...............................................................................

...............................................................................

### ALGUIEN QUE HA TRAÍDO SANACIÓN A TU VIDA.

...............................................................................

...............................................................................

...............................................................................

### UN EPISODIO DE LA INFANCIA QUE AÚN INFLUYE EN TUS DECISIONES.

...............................................................................

...............................................................................

...............................................................................

### UN DOLOR O UNA PÉRDIDA Y CÓMO APRENDISTE A VIVIR CON ÉL.

...............................................................................

...............................................................................

...............................................................................

# *ESPADAS*

Las Espadas se asocian con el aire, el invierno, el intelecto y la fuerza mental, la observación del mundo que nos rodea, lo oculto y sus desafíos, que solo pueden afrontarse con una profunda claridad interior. La mente es la sede de la imaginación, la memoria y la capacidad de análisis, pero en ellas residen soluciones como el engaño, la paranoia y las falsas creencias sobre uno mismo.

Por lo tanto, es necesario utilizar el consejo de las Espadas con la misma cautela y decisión.

## PALABRAS CLAVE

ANÁLISIS

MENTE

PERCEPCIÓN

IMAGINACIÓN

COMUNICACIÓN

CLARIDAD

DECISIÓN

INCERTIDUMBRE

MEDITACIÓN

CONTROL

## RECUERDA:

La espada divide la sombra de la luz,
pero ambas se reflejan en su hoja.

El corte de la espada es irreparable.

A veces la espada es más eficaz
si permanece en su vaina.

Usa la espada para discernir lo que es correcto
de lo que no lo es.

No apuntes con la espada a los indefensos.

Lo que la espada destroza puede tener
nueva vida en otra parte.

Cada espada es también un espejo que refleja tu alma.
Libera tu corazón y obsérvate a ti mismo.

# COMPARTE EN UNAS LÍNEAS:

### UNA SITUACIÓN EN LA QUE TUVISTE QUE TOMAR UNA DECISIÓN DIFÍCIL.

.......................................................................................

.......................................................................................

.......................................................................................

### UNA SITUACIÓN EN LA QUE NECESITABAS AYUDA PARA ESCAPAR DE ALGO QUE TE OPRIMÍA.

.......................................................................................

.......................................................................................

.......................................................................................

### UNA SITUACIÓN EN LA QUE LA DETERMINACIÓN Y UNA PROFUNDA CONFIANZA EN TUS VALORES TE GUIARON.

.......................................................................................

.......................................................................................

.......................................................................................

### UNA SITUACIÓN QUE PERCIBISTE COMO ENGAÑOSA Y CÓMO ACTUASTE.

.......................................................................................

.......................................................................................

.......................................................................................

# ✦ Oros ✦

Los Oros se asocian con la Tierra, la cosecha de otoño, los bienes materiales, la familia y las tradiciones, la consecución de objetivos, el trabajo y el talento, y la culminación mágica de la obra en la que todo ello se desarrolla. Al igual que la Tierra, los Oros sugieren anticipación y una atención al detalle que permite discernir la planta de la semilla. La materialidad de los Oros implica la capacidad de navegar con firmeza en los principios y los afectos.

## PALABRAS CLAVE

MATERIALIDAD

CONCRECIÓN

COOPERACIÓN

RECURSOS PERSONALES

RECURSOS MEDIOAMBIENTALES

TALENTO

ECOLOGÍA

MAGIA

VÍNCULOS

TRADICIÓN

## RECUERDA:

El Oro es un símbolo mágico. Todo en él se reúne, reacciona y genera.

En los Oros está el valor del trabajo espiritual en armonía con el trabajo material.

Puedes alegrarte de tu trabajo incluso antes de ver los resultados.

En los Oros, se establecen vínculos y conexiones duraderas con los demás.

La tierra nos cobija, nos nutre, nos cuida, nos levanta el ánimo en el dolor. Viajemos temporalmente sobre ella. Respetémosla.

El Oro es una promesa sólida. Te pide que aprendas a discernir con quién hacer alianzas.

En los Oros puedes decidir qué conservar y qué dejar ir de tu experiencia.

# COMPARTE EN UNAS LÍNEAS:

### UNA EXPERIENCIA LABORAL QUE TE HA MOLDEADO Y FORMADO.

...........................................................................

...........................................................................

...........................................................................

### UNA SITUACIÓN EN LA QUE TU VALOR FUERA AMPLIAMENTE RECONOCIDO.

...........................................................................

...........................................................................

...........................................................................

### UNA AMISTAD O UNA RELACIÓN DURADERA.

...........................................................................

...........................................................................

...........................................................................

### UNA SITUACIÓN EN LA QUE CONSIDERES QUE OLVIDAR ES MÁS VALIOSO QUE CONSERVAR.

...........................................................................

...........................................................................

...........................................................................

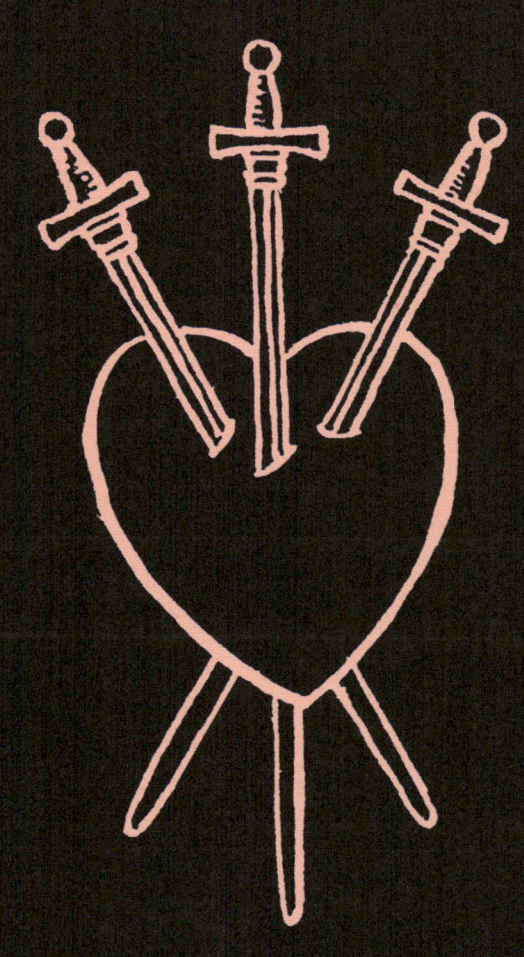

# CAPÍTULO 3

# ARCANOS MENORES

# LOS ASES

BASTOS

COPAS

ESPADAS

OROS

*"Soy grande, contengo multitudes".*
*WALT WHITMAN*

Los **Ases** encarnan la inteligencia de cada palo y su potencial, que está listo para ser liberado. Representan la unidad que reverbera en las multitudes y en el autocontrol y el control de las propias acciones. Cada As es un principio asociado a una acción que da forma a la vida a través de estos **CUATRO PODERES**:

- **CREACIÓN** en el As de Bastos
- **ACEPTACIÓN** en el As de Copas
- **JUSTICIA** en el As de Espadas
- **REALIZACIÓN** en el As de Oros

# ESTOS CUATRO PODERES CONDUCEN A:

- **Bastos:** un entusiasmo contagioso que choca con el sentido común
- **Copas:** la belleza de amar
- **Espadas:** una mente decidida y tranquila
- **Oros:** la alegría de lo que crece en todas partes

# MENSAJES

- **As de Bastos** - En los buenos y en los malos tiempos, sigue prosperando.

- **As de Copas** - Esta es la copa del corazón; reconoce su inteligencia.

- **As de Espadas** - Levanta tu espada y haz la luz.

- **As de Oros** - Honra tus raíces y crea otras nuevas.

# COMPARTE UN EPISODIO PERSONAL EN EL QUE:

## 1. TU VALOR HAYA SIDO RECONOCIDO Y APRECIADO POR UNA COMUNIDAD MÁS O MENOS GRANDE.

.......................................................................................................

.......................................................................................................

.......................................................................................................

.......................................................................................................

.......................................................................................................

.......................................................................................................

## 2. HAYAS ACOGIDO A OTRO SIN MIEDO.

.......................................................................................................

.......................................................................................................

.......................................................................................................

.......................................................................................................

.......................................................................................................

.......................................................................................................

### 3. HAYAS TOMADO UNA DECISIÓN SIGUIENDO
### TU MORAL INTERIOR.

......................................................................................................

......................................................................................................

......................................................................................................

......................................................................................................

......................................................................................................

......................................................................................................

......................................................................................................

......................................................................................................

### 4. HAYAS CELEBRADO TUS LOGROS.

......................................................................................................

......................................................................................................

......................................................................................................

......................................................................................................

......................................................................................................

......................................................................................................

......................................................................................................

# LOS DOSES

BASTOS

COPAS

ESPADAS

OROS

*"Puede ocurrir que una cosa te repugne siendo buena para ti,
y puede ocurrir que ames una cosa siendo mala para ti.
Dios sabe y tú no sabes".*
CORÁN, II, 216

Los **Doses** indican las opciones de nuestro camino. En su presencia debemos hacer una pausa, ya que el viaje comienza en la mente, donde sopesamos las posibilidades, confiando en lo que sabemos y en la intuición para dar el primer paso a través de estos **CUATRO PODERES**:

- ✦ **EVALUACIÓN** del potencial en el Dos de Bastos
- ✦ **ENCUENTRO** y **ENAMORAMIENTO** en el Dos de Copas
- ✦ **BÚSQUEDA** de la verdad interior en El Dos de Espadas
- ✦ **MANTENIMIENTO** del equilibrio vital en el Dos de Oros

# ESTOS CUATRO PODERES CONDUCEN A:

- **Bastos:** un compromiso con el futuro arraigado al presente
- **Copas:** desnudarse ante el otro
- **Espadas:** la capacidad de elegir cuando los objetivos son inciertos
- **Oros:** la capacidad de manejar varias cosas a la vez

# MENSAJES

- **Dos de Bastos** - Observa el mundo en tus manos y el mundo ante ti. Intenta unirlos.

- **Dos de Copas** - Actúa con amabilidad hacia el otro y ponte en su lugar.

- **Dos de Espadas** - Busca un lugar tranquilo para meditar. Observa el paisaje con el ojo de tu mente.

- **Dos de Oros** - En el juego del infinito, cada cosa fluye hacia otra.

# COMPARTE UN EPISODIO PERSONAL EN EL QUE:

**1. HAYAS ABANDONADO LA CERTEZA DE LO QUE TENÍAS EN FAVOR DE UN HORIZONTE MÁS AMPLIO.**

.................................................................................

.................................................................................

.................................................................................

.................................................................................

.................................................................................

**2. HAYAS EXPERIMENTADO EL CONOCIMIENTO A TRAVÉS DEL AMOR.**

.................................................................................

.................................................................................

.................................................................................

.................................................................................

.................................................................................

## 3. HAYAS EXPERIMENTADO CIERTA TERAPIA, CONFIANDO EN QUE LOS DEMÁS TE COMPRENDAN.

..........................................................................

..........................................................................

..........................................................................

..........................................................................

..........................................................................

..........................................................................

..........................................................................

..........................................................................

## 4. HAYAS PERSEGUIDO VARIAS COSAS AL MISMO TIEMPO SIN AGOTARTE.

..........................................................................

..........................................................................

..........................................................................

..........................................................................

..........................................................................

..........................................................................

..........................................................................

..........................................................................

# LOS TRESES

BASTOS

COPAS

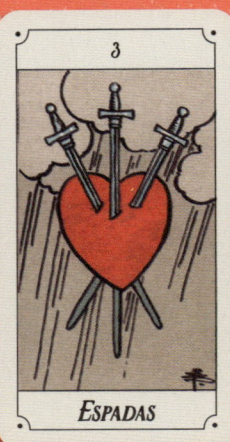

ESPADAS

OROS

*"Con fuerza desde el sur, el sol, compañero de la luna, extendió su mano derecha hacia el límite del cielo; el sol no sabía dónde estaba su hogar; las estrellas no sabían que tenían un hogar; la luna no sabía cuál era su poder".*

### VÖLUSPÁ

Los cuatro **Treses** representan la creación, el crecimiento que resulta de la unión de dos fuerzas para generar otra. En el Tres se establece la visión y comienza el trabajo. Podemos reconocer el primer punto de inflexión a través de estos **CUATRO PODERES**:

- **COMPROMISO** de futuro en el Tres de Bastos
- **CONEXIÓN** amistosa en el Tres de Copas
- experimentar la **INTENSIDAD** del dolor en el Tres de Espadas
- **COLABORACIÓN** en el Tres de Oros

## ESTOS CUATRO PODERES CONDUCEN A:

- + **Bastos:** un proyecto de rediseño de vida
- + **Copas:** el esplendor de la hermandad
- + **Espadas:** la capacidad de aprender de las heridas
- + **Oros:** la emergencia del talento en el colectivo

## MENSAJES

- + **Tres de Bastos** - Observa el horizonte cuando el mar esté en calma y reconoce quién aparece.

- + **Tres de Copas** - Celebra tus antepasados en las amistades del presente.

- + **Tres de Espadas** - Expón tus heridas sin hacerte la víctima.

- + **Tres de Oros** - El verdadero talento no teme comparaciones.

# COMPARTE UN EPISODIO PERSONAL EN EL QUE:

## 1. HAYAS PODIDO MIRAR HACIA DELANTE CON CONFIANZA Y ALLANAR EL CAMINO HACIA TUS SUEÑOS.

.....................................................................................

.....................................................................................

.....................................................................................

.....................................................................................

.....................................................................................

## 2. HAYAS EXPERIMENTADO UN SENTIMIENTO DE IGUALDAD, FELICIDAD Y COMPRENSIÓN MUTUA EN LA FAMILIA O LAS AMISTADES.

.....................................................................................

.....................................................................................

.....................................................................................

.....................................................................................

.....................................................................................

.....................................................................................

## 3. HAYAS REPARADO UN CORAZÓN ROTO.

........................................................................

........................................................................

........................................................................

........................................................................

........................................................................

........................................................................

........................................................................

## 4. HAYAS TRABAJADO CON OTROS PARA QUE ALGO SEA UN ÉXITO.

........................................................................

........................................................................

........................................................................

........................................................................

........................................................................

........................................................................

# ✦ LOS CUATROS ✦

BASTOS · COPAS · ESPADAS · OROS

*"Habita la casa y no se derrumbará".*
*ARSENIJ TARKOVSKY*

En los **Cuatros** encontramos estabilidad, estructura y hogar. Los cuatro puntos cardinales, los cuatro vientos, las cuatro paredes que contienen los sueños. Aquí podemos detenernos, encontrar una definición de nosotros mismos a través de estos **CUATRO PODERES**:

+ **CELEBRACIÓN** en el Cuatro de Bastos
+ **CONTEMPLACIÓN** en el Cuatro de Copas
+ **RECUPERAR FUERZAS** en el Cuatro de Espadas
+ **COMODIDAD EN TUS POSESIONES** en el Cuatro de Oros

## ESTOS CUATRO PODERES CONDUCEN A:

**Bastos:** una celebración antes de una partida importante

**Copas:** la insatisfacción o el aburrimiento que desencadenan movimiento

**Espadas:** un sueño reparador para una nueva meta

**Oros:** el conocimiento de los propios límites y su superación

## MENSAJES

**Cuatro de Bastos** - La celebración es una zona temporal de alegría donde se puede disfrutar del abrazo del mundo.

**Cuatro de Copas** - La línea que separa el aburrimiento de la contemplación es fina; solo tienes que llevar tu mente más allá de las apariencias.

**Cuatro de Espadas** - La vida también es sueño, descanso y curación.

**Cuatro de Oros** - Es útil tener un lugar donde permanezcan todas nuestras preciadas posesiones, recuerdos, regalos, siempre y cuando podamos desprendernos de ellos cuando sea necesario.

# COMPARTE UN EPISODIO PERSONAL EN EL QUE:

**1. HAYAS ALCANZADO UN HITO Y LO HAYAS CELEBRADO CON TUS SERES QUERIDOS.**

..........................................................................................

..........................................................................................

..........................................................................................

..........................................................................................

..........................................................................................

..........................................................................................

**2. HAYAS SENTIDO INSATISFACCIÓN Y HAYAS EMPEZADO A DIVAGAR CON TUS PENSAMIENTOS.**

..........................................................................................

..........................................................................................

..........................................................................................

..........................................................................................

..........................................................................................

..........................................................................................

## 3. HAYAS PADECIDO UNA ENFERMEDAD, HAYAS ESTADO HOSPITALIZADO O ALGO SIMILAR.

.................................................................
.................................................................
.................................................................
.................................................................
.................................................................
.................................................................
.................................................................

## 4. HAYAS CONSTRUIDO TU ESPACIO PERSONAL.

.................................................................
.................................................................
.................................................................
.................................................................
.................................................................
.................................................................

# ✦ Los Cincos ✦

BASTOS

COPAS

ESPADAS

OROS

*"Confía en el rastro de las lágrimas
y aprende a vivir".*
*PAUL CELAN*

Los **Cincos** indican crisis, ruptura y dificultades decisivas y formativas que uno puede encontrarse en su camino. En el número Cinco se puede reconocer el conflicto y la prueba que se manifiestan a través de estos **CUATRO PODERES**:

- ✦ **TENSIÓN** en el Cinco de Bastos
- ✦ **PÉRDIDA DE AFECTO** en el Cinco de Copas
- ✦ **DERROTA** y **SORPRESA** en el Cinco de Espadas
- ✦ **MISERIA MATERIAL** en el Cinco de Oros

## ESTOS CUATRO PODERES CONDUCEN A:

- **Bastos:** la necesidad de encontrar un rumbo compartido, de lo contrario nos perdemos en el caos de las personalidades
- **Copas:** la oportunidad de sanar apreciando más lo que permanece intacto
- **Espadas:** comprender al ofendido interior y darle voz
- **Oros:** reconocer los refugios, las manos tendidas, los recursos interiores

## MENSAJES

- **Cinco de Bastos** - Hay que aprender a resolver las peleas y los pequeños conflictos por el bien común.

- **Cinco de Copas** - Tómate tiempo para sufrir, pero honra con amor a los que se van.

- **Cinco de Espadas** - Reconócete en el oprimido, aunque seas el vencedor.

- **Cinco de Oros** - No te alejes de la ayuda; empieza a pedirla.

# COMPARTE UN EPISODIO PERSONAL EN EL QUE:

**1. HAYAS DISCUTIDO CON OTROS SIN LLEGAR
A UN ACUERDO NI PERDER DE VISTA EL OBJETIVO.**

.......................................................................................................

.......................................................................................................

.......................................................................................................

.......................................................................................................

.......................................................................................................

**2. LA PÉRDIDA DE UN SER QUERIDO TE HAYA
ABSORBIDO POR COMPLETO.**

.......................................................................................................

.......................................................................................................

.......................................................................................................

.......................................................................................................

.......................................................................................................

## 3. HAYAS SUFRIDO UNA INJUSTICIA, O HAYAS COMETIDO UNA.

......................................................................

......................................................................

......................................................................

......................................................................

......................................................................

......................................................................

......................................................................

## 4. HAYAS PEDIDO AYUDA EN MEDIO DE GRANDES DIFICULTADES.

......................................................................

......................................................................

......................................................................

......................................................................

......................................................................

......................................................................

......................................................................

# ✦ LOS SEISES ✦

BASTOS

COPAS

ESPADAS

OROS

*"La belleza es verdad, la verdad belleza: eso es todo*
*lo que sabes en la tierra, y todo lo que necesitas saber".*
JOHN KEATS

Los cuatro **Seises** pueden leerse como un respiro, una bendición que el amor trae a nuestras vidas. En el número Seis, la armonía, la gracia y la belleza de todo lo que existe se restablecen a través de estos **CUATRO PODERES**:

- ✦ **RECONOCIMIENTO** en el Seis de Bastos
- ✦ **RECUERDO** en el Seis de Copas
- ✦ **CRUCE** en el Seis de Espadas
- ✦ **REGALO** en el Seis de Oros

## ESTOS CUATRO PODERES CONDUCEN A:

- **Bastos:** una victoria compartida y una vuelta a casa
- **Copas:** un sentimiento de pertenencia familiar que trasciende la ley del tiempo
- **Espadas:** un viaje a una orilla desconocida donde podemos confiar en los demás
- **Oros:** un intercambio justo entre el que da y el que recibe, tendiéndose la mano mutuamente

## MENSAJES

**Seis de Bastos** - Volver significa ser reconocido por otro y encontrar en él un hogar.

**Seis de Copas** - En el mundo de la memoria, el tiempo adquiere su sentido, superando la vida y la muerte en el amor.

**Seis de Espadas** - Gran parte de la vida no es un aterrizaje sino una travesía, donde otros nos muestran el camino.

**Seis de Oros** - No hay humillación en tender la mano para pedir, no hay desperdicio en dar a quien pide con claridad.

# COMPARTE UN EPISODIO PERSONAL EN EL QUE:

### 1. TU VALOR HAYA SIDO RECONOCIDO Y APRECIADO POR UNA COMUNIDAD MÁS O MENOS GRANDE.

..........................................................................

..........................................................................

..........................................................................

..........................................................................

..........................................................................

### 2. TE HAYAS REFUGIADO EN UN RECUERDO FELIZ EN EL QUE ESTÁN PRESENTES TUS SERES QUERIDOS.

..........................................................................

..........................................................................

..........................................................................

..........................................................................

..........................................................................

## 3. TE HAYAS EMBARCADO EN UN IMPORTANTE VIAJE DE TRANSFORMACIÓN Y ALGUIEN TE HAYA AYUDADO.

........................................................................

........................................................................

........................................................................

........................................................................

........................................................................

........................................................................

## 4. HAYAS DADO O RECIBIDO, SABIENDO CUÁNDO Y A QUIÉN PEDIR O DAR.

........................................................................

........................................................................

........................................................................

........................................................................

........................................................................

........................................................................

# ✦ LOS SIETES ✦

BASTOS

COPAS

ESPADAS

OROS

*"La verdad es cuestión de imaginación".*
URSULA K. LE GUIN

Los cuatro **Sietes** presentan la inversión de la armonía, junto con recursos individuales que pueden estar ocultos incluso para nosotros mismos. El siete es un número mágico cuya inspiración se manifiesta a través de estos **CUATRO PODERES**:

÷ **DEFENSA PERSONAL** en el Siete de Bastos

÷ **BÚSQUEDA ESPIRITUAL** en el Siete de Copas

÷ **DISCONFORMIDAD** en el Siete de Espadas

÷ **ESPERA** en el Siete de Oros

## ESTOS CUATRO PODERES CONDUCEN A:

- ✦ **Bastos:** una fuerte afirmación de uno mismo
- ✦ **Copas:** entrar en la realidad una vez reconocidas las ilusiones
- ✦ **Espadas:** esconder el arma secreta, sorprender y escapar con tu verdad
- ✦ **Oros:** alegrarse del trabajo realizado y disfrutar de sus frutos sin prisas

## MENSAJES

- ✦ **Siete de Bastos** - Recuerda que una mente libre y honesta es la mejor armadura.

- ✦ **Siete de Copas** - El tiempo no son solo objetivos, sino también momentos para divagar con la imaginación.

- ✦ **Siete de Espadas** - Encuentra tu camino, subvierte el orden, sobrevive.

- ✦ **Siete de Oros** - La plenitud en la existencia suele ser el largo momento en el que comprendes que todo está a punto de florecer.

# COMPARTE UN EPISODIO PERSONAL EN EL QUE:

### 1. HAYAS TENIDO QUE DEFENDER CON ÉXITO LO QUE AMAS Y EN LO QUE CREES.

..........................................................................

..........................................................................

..........................................................................

..........................................................................

..........................................................................

### 2. TE HAYAS PERDIDO EN ENSOÑACIONES Y TE HAYA RESULTADO AGRADABLE.

..........................................................................

..........................................................................

..........................................................................

..........................................................................

..........................................................................

..........................................................................

**3. HAYAS CONTADO UNA MENTIRA O TE HAYAS HECHO EL LISTO COGIENDO A TODO EL MUNDO POR SORPRESA.**

.......................................................................

.......................................................................

.......................................................................

.......................................................................

.......................................................................

.......................................................................

.......................................................................

**4. HAYAS DISFRUTADO TANTO DE LA ESPERA COMO DE LA COSECHA.**

.......................................................................

.......................................................................

.......................................................................

.......................................................................

.......................................................................

.......................................................................

# ✦ LOS OCHOS ✦

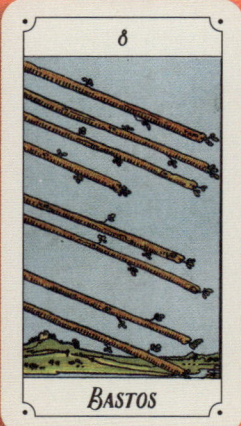
BASTOS

COPAS

ESPADAS

OROS

*"La fuerza que a través de la mecha verde impulsa la flor".*
DYLAN THOMAS

El compromiso y la búsqueda de un propósito en la realidad brillan en los **Ochos**. El Ocho puede convertirse en el símbolo del infinito, al igual que la dedicación al trabajo garantiza su éxito y su renovación continua a través de estos **CUATRO PODERES**:

- ✦ **PREPARACIÓN** en el Ocho de Bastos
- ✦ **CORAJE** en el Ocho de Copas
- ✦ **RESISTENCIA** en el Ocho de Espadas
- ✦ **PRACTICIDAD** en el Ocho de Oros

## ESTOS CUATRO PODERES CONDUCEN A:

+ **Bastos:** aprovechar la oportunidad cuando se presenta
+ **Copas:** alejarse de las certezas para seguir el propio camino
+ **Espadas:** liberarse de las dudas, de los terrores y también de la violencia sufrida
+ **Oros:** hacer algo único y bello

## MENSAJES

+ **Ocho de Bastos** - Aprovecha el momento; reconoce el mensaje.

+ **Ocho de Copas** - Prepárate para el viaje de tu vida: la montaña es alta, pero el hogar está en ti.

+ **Ocho de Espadas** - Las peores trampas son las que nos creamos a nosotros mismos.

+ **Ocho de Oros** - Es una rara bendición poder dedicarte a lo que amas. Cuando esto ocurra, hazlo con toda tu alma.

# Comparte un episodio personal en el que:

## 1. HAYAS RECIBIDO UNA NOTICIA INESPERADA Y HAYAS ACTUADO POSITIVAMENTE EN CONSECUENCIA.

........................................................................

........................................................................

........................................................................

........................................................................

........................................................................

........................................................................

## 2. HAYAS ABANDONADO TU ZONA DE CONFORT PARA AVENTURARTE EN LOS MISTERIOS DEL MUNDO PERSIGUIENDO TUS SUEÑOS.

........................................................................

........................................................................

........................................................................

........................................................................

........................................................................

........................................................................

## 3. HAYAS EXPERIMENTADO UNA SENSACIÓN DE ATRAPAMIENTO, MIEDO Y RECHAZO, PERO NO TE HAYAS RENDIDO.

...........................................................................

...........................................................................

...........................................................................

...........................................................................

...........................................................................

...........................................................................

...........................................................................

## 4. HAYAS COMPLETADO ALGO ABORDÁNDOLO HASTA EL ÚLTIMO DETALLE.

...........................................................................

...........................................................................

...........................................................................

...........................................................................

...........................................................................

...........................................................................

...........................................................................

# LOS NUEVES

**BASTOS**

**COPAS**

**ESPADAS**

**OROS**

*"El miedo a envejecer nace del reconocimiento
de que uno no está viviendo la vida que desea.
Es equivalente a la sensación de estar usando mal el presente".*
**SUSAN SONTAG**

En los cuatro **Nueves**, el viaje está casi completo. Conocemos la sustancia de nuestro ser y el reto más auténtico de la existencia, abrazamos el valor universal de vivir. Todo está listo y podemos ser el centro de ello a través de estos **CUATRO PODERES**:

+ **RESILIENCIA** en el Nueve de Bastos

+ **GENEROSIDAD** en el Nueve de Copas

+ **INCERTIDUMBRE** en el Nueve de Espadas

+ **RIQUEZA** en el Nueve de Oros

## ESTOS CUATRO PODERES CONDUCEN A:

- **Bastos**: la capacidad de resistir a los golpes y tirar de carisma en momentos extremos
- **Copas**: la clara voluntad de abrazar y compartir lo que tenemos
- **Espadas**: emanciparse de las consecuencias del trauma, construir sobre él
- **Oros**: aprender los beneficios de la soledad creativa

## MENSAJES

- **Nueve de Bastos** - No te rindas, recupera tus fuerzas focalizándote en la belleza.

- **Nueve de Copas** - Abre todas las puertas: nada se pierde, todo vuelve.

- **Nueve de Espadas** - Cuando el trauma se repita, en la vida o en la mente, confía en la curación.

- **Nueve de Oros** - Protege tu mundo propio en el mundo de los demás.

# COMPARTE UN EPISODIO PERSONAL EN EL QUE:

## 1. HAYAS EXPERIMENTADO CANSANCIO, PERO NO TE HAYAS RENDIDO.

.................................................................

.................................................................

.................................................................

.................................................................

.................................................................

## 2. HAYAS ENRIQUECIDO TU ALMA CON LA PRESENCIA DE LOS DEMÁS.

.................................................................

.................................................................

.................................................................

.................................................................

.................................................................

## 3. HAYAS VIVIDO UN PERIODO TRAUMÁTICO.

..................................................................................................

..................................................................................................

..................................................................................................

..................................................................................................

..................................................................................................

..................................................................................................

..................................................................................................

..................................................................................................

## 4. HAYAS HECHO EXACTAMENTE LO QUE QUERÍAS HACER.

..................................................................................................

..................................................................................................

..................................................................................................

..................................................................................................

..................................................................................................

..................................................................................................

..................................................................................................

# ✦ Los Dieces ✦

10

BASTOS

10

COPAS

10

ESPADAS

10

OROS

*"Es que llega la noche en columna*
*de amor y ruiseñores".*
EUNICE ODIO

En los **Dieces** encontramos el empuje final, la meta alcanzada, el cierre de una etapa o la máxima expresión de un sentimiento. En el Número Diez concluye un ciclo y se inaugura otro a través de estos **CUATRO PODERES**:

- ✦ **CANSANCIO** en el Diez de Bastos
- ✦ **ALEGRÍA** en el Diez de Copas
- ✦ **TERMINACIÓN** en el Diez de Espadas
- ✦ **FAMILIA** en el Diez de Oros

## ESTOS CUATRO PODERES CONDUCEN A:

- **Bastos:** la necesidad de deshacerse de cargas excesivas
- **Copas:** saber hacer de cada belleza un recuerdo
- **Espadas:** no entregarse a algo que no se puede revivir
- **Oros:** ampliar los propios límites emocionales

## MENSAJES

- **Diez de Bastos** - Lo que ocurre no es solo responsabilidad tuya. Reconoce tus deberes pero también los de los demás.

- **Diez de Copas** - El arco iris es una promesa de reconciliación y ligereza de corazón.

- **Diez de Espadas** - No persistas donde un sentimiento o una posibilidad ha dejado de crecer.

- **Diez de Oros** - Un hogar feliz es aquel en el que muchos son bienvenidos.

# COMPARTE UN EPISODIO PERSONAL EN EL QUE:

## 1. HAYAS ASUMIDO CARGAS QUE NO TE CORRESPONDÍAN.

.............................................................

.............................................................

.............................................................

.............................................................

.............................................................

## 2. HAYAS CONOCIDO LA MÁS INTENSA FELICIDAD CON ALGUIEN.

.............................................................

.............................................................

.............................................................

.............................................................

.............................................................

## 3. TE HAYAS DADO CUENTA DE QUE TENÍAS QUE SALIR DE UNA SITUACIÓN SIN SALIDA.

.................................................................

.................................................................

.................................................................

.................................................................

.................................................................

.................................................................

.................................................................

## 4. HAYAS CUIDADO DE TODOS LOS MIEMBROS DE TU FAMILIA.

.................................................................

.................................................................

.................................................................

.................................................................

.................................................................

.................................................................

.................................................................

# CAPÍTULO 4

# CARTAS DE LA CORTE

Las cartas de la Corte son **LAS PERSONAS DE LA BARA-JA**, aquellas en las que podemos **RECONOCER A ALGUIEN REAL**, una persona de nuestra familia o círculo de amigos, un personaje famoso, un aspecto de nosotros mismos. La mejor manera de explorarlas es recurrir a nuestra propia experiencia cotidiana.

Antes de profundizar en ellas y sus significados, vamos a jugar a **UN JUEGO**.

**Coloca todas las cartas de la Corte frente a ti y obsérvalas. Elige unas cuantas de forma intuitiva respondiendo a estas preguntas con una breve descripción:**

◆ **¿QUÉ CARTAS DE LA CORTE HAS SIDO?**

.......................................................................................................
.......................................................................................................
.......................................................................................................

◆ **¿QUIÉN ERES AHORA?**

.......................................................................................................
.......................................................................................................
.......................................................................................................

◆ **¿QUIÉN TE GUSTARÍA HABER SIDO?**

.......................................................................................................
.......................................................................................................
.......................................................................................................

◆ ¿CÓMO VES EL DESARROLLO FUTURO DE TU PERSONA?

.............................................................................................................

.............................................................................................................

.............................................................................................................

.............................................................................................................

◆ ¿QUÉ PERSONA DE LA CORTE TE INSPIRA CONFIANZA?

.............................................................................................................

.............................................................................................................

.............................................................................................................

.............................................................................................................

◆ ¿Y CUÁL TE GENERA REPULSIÓN?

.............................................................................................................

.............................................................................................................

.............................................................................................................

.............................................................................................................

◆ ¿QUIÉN DE ENTRE LAS CARTAS DE LA CORTE TE
GUSTARÍA TENER COMO COMPAÑERO DE AVENTURAS?

.............................................................................................................

.............................................................................................................

.............................................................................................................

.............................................................................................................

# ❖ Sotas ❖

Sota de Bastos

Sota de Copas

Sota de Espadas

Sota de Oros

*"Soy la juventud, soy la alegría,
soy un pajarillo recién salido del huevo".*
Jᴀᴍᴇꜱ Mᴀᴛᴛʜᴇᴡ Bᴀʀʀɪᴇ

Las cuatro **Sotas** representan el aprendizaje, la experiencia, la infancia como acercamiento curioso al mundo. Las Sotas encarnan el espíritu de la juventud, que puede surgir a cualquier edad. Este espíritu **se MANIFIESTA**:

+ como **ENTUSIASMO** en la Sota de Bastos
+ como **SENSIBILIDAD** en la Sota de Copas
+ como **INGENIO** en la Sota de Espadas
+ como **ESTUDIO** en la Sota de Oros

## OBSERVA LAS CUATRO SOTAS Y RESPONDE INTUITIVAMENTE:

¿Reconoces en ellas a alguien familiar? Describe brevemente a las personas que identificas en una o varias Sotas.

..................................................................................................

..................................................................................................

..................................................................................................

..................................................................................................

# Ahora describe cada Sota, siguiendo estas sugerencias:

### SOTA DE BASTOS:
Un juego que me encantaba en mi infancia.
Algo que inventé yo.

...................................................................................

...................................................................................

...................................................................................

...................................................................................

### SOTA DE COPAS:
Un sueño romántico que llevo conmigo.
En quién y en qué deposito mi confianza.

...................................................................................

...................................................................................

...................................................................................

...................................................................................

...................................................................................

## SOTA DE ESPADAS:

Un mensaje importante que tenías que transmitir.
Un momento en el que tuviste que mediar entre dos partes.

..................................................................................................

..................................................................................................

..................................................................................................

..................................................................................................

..................................................................................................

..................................................................................................

## SOTA DE OROS:

Una experiencia de estudio e investigación.
Un cambio por el que pasaste para empezar a trabajar.

..................................................................................................

..................................................................................................

..................................................................................................

..................................................................................................

..................................................................................................

..................................................................................................

# CABALLOS

CABALLO DE BASTOS

CABALLO DE COPAS

CABALLO DE ESPADAS

CABALLO DE OROS

> *"Lo que no se consigue guía el camino a seguir,
> objetivo, objetivo, quemar y volver a quemar,
> durante la costa de los milenios*
> PATRIZIA VICINELLI

Los cuatro **Caballos** personifican la acción, el movimiento constante hacia adelante, el entrar en la vida con un propósito. La era de las elecciones, la rebelión y la independencia se **MANIFIESTA** en el espíritu de los Caballos de estas formas:

+ con **CARISMA** en el Caballo de Bastos
+ con **BÚSQUEDA ROMÁNTICA** en el Caballo de Copas
+ con **DETERMINACIÓN** en el Caballo de Espadas
+ con **PAUSA** en el Caballo de Oros

## OBSERVA LOS CUATRO CABALLOS Y RESPONDE INTUITIVAMENTE:

¿Reconoces en ellos a alguien familiar? Describe brevemente a las personas que identificas en uno o varios Caballos.

......................................................................................

......................................................................................

......................................................................................

......................................................................................

# Ahora describe cada Caballo, siguiendo estas sugerencias:

## CABALLO DE BASTOS:

Una situación en la que hayas actuado como líder o guía.
Algo o alguien que te despierta las ganas de hacer algo.

..................................................................................

..................................................................................

..................................................................................

..................................................................................

..................................................................................

## CABALLO DE COPAS:

Una importante historia de amor.
Una época en la que no mostrabas tus sentimientos.

..................................................................................

..................................................................................

..................................................................................

..................................................................................

..................................................................................

## CABALLO DE ESPADAS:

Algo en lo que te hayas volcado por completo.
Una idea fija que haya guiado tus elecciones.

.................................................................................

.................................................................................

.................................................................................

.................................................................................

.................................................................................

.................................................................................

## CABALLO DE OROS:

Las cosas que has ido descubriendo poco a poco.
Preocupación por los animales y la naturaleza.

.................................................................................

.................................................................................

.................................................................................

.................................................................................

.................................................................................

.................................................................................

.................................................................................

# ✦ REINAS ✦

REINA DE BASTOS

REINA DE COPAS

REINA DE ESPADAS

REINA DE OROS

> *"En mi época me llamaron muchas cosas:*
> *hermana, amante, sacerdotisa, sabia, reina.*
> *Ahora, en verdad, me he convertido en una mujer sabia, y puede*
> *que llegue un momento en que estas cosas tengan que saberse".*
> Marion Zimmer Bradley

En las cuatro **Reinas**, nos enfrentamos a la fuerza creativa del elemento que encarnan, que conduce a la apertura hacia los demás. La expresión artística y consciente del palo **SE MANIFIESTA** en el espíritu de las Reinas de estas formas:

- ✛ con **PASIÓN** en la Reina de Bastos
- ✛ con **COMPASIÓN** en la Reina de Copas
- ✛ con **AUTONOMÍA** en la Reina de Espadas
- ✛ con **EL ACTO DE DAR** en la Reina de Oros

## OBSERVA LAS CUATRO REINAS Y RESPONDE INTUITIVAMENTE:

¿Reconoces en ellas a alguien familiar? Describe brevemente a las personas que identificas en una o varias Reinas.

........................................................................................

........................................................................................

........................................................................................

........................................................................................

## *Ahora describe cada Reina, siguiendo estas sugerencias:*

### REINA DE BASTOS:
Describe a la bruja que habita en ti.
Piensa en una figura inusual, poco convencional
y creativa que te haya inspirado.

......................................................................

......................................................................

......................................................................

......................................................................

......................................................................

### REINA DE COPAS:
Un hombre (o mujer) en tu vida que te traiga sanación.
¿Qué ves en la copa de tu corazón?

......................................................................

......................................................................

......................................................................

......................................................................

......................................................................

## REINA DE ESPADAS:

Una época en la que hayas reivindicado tu plena autonomía.
Una decisión difícil que hayas tomado por tu propio bien y el de los demás.

...................................................................................

...................................................................................

...................................................................................

...................................................................................

...................................................................................

## REINA DE OROS:

Una celebración de la que hayas sido el centro, el creador y el alma.
Una lista de lo que sabes dar.

...................................................................................

...................................................................................

...................................................................................

...................................................................................

...................................................................................

...................................................................................

# ◆ REYES ◆

REY DE BASTOS

REY DE COPAS

REY DE ESPADAS

REY DE OROS

> *"Eres un hombre, hermanito,*
> *pequeño lobo al que he guardado".*
> RUDYARD KIPLING

En los **Reyes** encontramos la autoridad del poder, la experiencia, el mando y el buen consejo. El espíritu de los Reyes es el verdadero guardián de la energía del palo, que **SE MANIFIESTA** de estas formas:

+ con **LIDERAZGO** en el Rey de Bastos
+ con **BENEVOLENCIA** en el Rey de Copas
+ con **UNA VISIÓN GENERAL** en el Rey de Espadas
+ con **ABUNDANCIA** en el Rey de Oros.

# OBSERVA LOS CUATRO REYES Y RESPONDE INTUITIVAMENTE:

¿Reconoces en ellos a alguien familiar? Describe brevemente a las personas que identificas en uno o varios Reyes.

........................................................................................................

........................................................................................................

........................................................................................................

........................................................................................................

# *Ahora describe cada Rey, siguiendo estas sugerencias:*

### REY DE BASTOS:
Describe a una persona carismática y con autoridad.
Un momento en el que hayas inspirado a otros o te hayan inspirado.

..............................................................................................

..............................................................................................

..............................................................................................

..............................................................................................

### REY DE COPAS:
Alguien a quien pediste consejo sobre relaciones personales.
Un momento en el que hayas sido capaz de analizar tu vida emocional
con desapego y claridad.

..............................................................................................

..............................................................................................

..............................................................................................

..............................................................................................

## REY DE ESPADAS:

Una situación cuyo resultado podría haberse previsto.
Una persona aparentemente fría, pero sabia y honesta.

.................................................................................

.................................................................................

.................................................................................

.................................................................................

.................................................................................

## REY DE OROS:

Una figura generosa y alegre en tu vida.
Un lugar hospitalario donde hayas disfrutado de la compañía de los demás.

.................................................................................

.................................................................................

.................................................................................

.................................................................................

.................................................................................

.................................................................................

# CAPÍTULO 5

# TIRADAS Y EJERCICIOS

# La tirada del espejo

Para entender mejor los **Arcanos Mayores,** puedes probar esta tirada. Divide la baraja en cinco grupos: **Arcanos Mayores, Bastos, Copas, Espadas,** y **Oros.** Saca una carta de los **Arcanos Mayores** y luego una carta de cada palo para colocarla debajo.

**La tirada** te dirá cómo se refleja y actúa actualmente la carta de los Arcanos en las distintas áreas de tu vida.

---

- ✦ **Bastos:** trabajo, creatividad, proyectos

- ✦ **Copas:** sentimientos, vida interior, relaciones

- ✦ **Espadas:** intelecto, comunicación, estudio

- ✦ **Oros:** bienes materiales, familia, negocios

EL LOCO

0

BASTOS

6

COPAS

2

OROS

10

ESPADAS

5

# LUZ

Un fragmento de estrella vive en cada uno de nosotros, nos **guía** y nos **reconforta en la vida.** Crece con nosotros; a veces su luz es tenue y mortecina, otras veces es resplandeciente, pero nunca falla. Con el tarot, podemos reconocerla mirando **nuestras cartas guía**, que pueden variar según el momento.

Mira las **78 cartas** de la baraja e instintivamente **saca un máximo de cinco** que te parezcan **bellas** y **familiares.**

+ ¿Qué ves en ellas?

+ Describe la escena tal y como la ven tus ojos.

+ Describe cómo te sientes.

+ Describe un momento de tu vida que reconozcas en la imagen.

**EL JUICIO**

**COPAS**

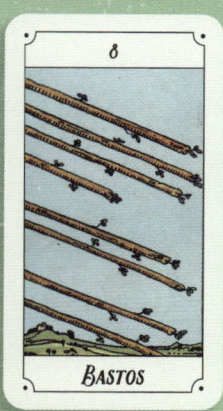

**BASTOS**

**ESPADAS**

**LA EMPERATRIZ**

# SOMBRA

¿Qué es una Sombra? **El lado oscuro y oculto de nuestra vida**, los **miedos del alma**, sus **fragilidades**. Pero la sombra es **también** un **lugar de consuelo**, donde podemos refugiarnos y volver a empezar. Es posible trabajar este aspecto intuitivamente con el tarot, a través de algunos ejercicios sencillos.

## 1. OBSERVA LA SOMBRA

**Mira las 78 cartas** de la baraja y **saca** instintivamente **un máximo de cinco** que te **incomoden**, pero que te **hablen con fuerza**.

- ¿Qué ves en ellas?
- Describe la escena tal y como la ven tus ojos.
- Describe cómo te sientes.
- Describe un momento de tu vida que reconozcas en la imagen.

EL REY DE COPAS

XIII

LA MUERTE

VIII

LA FUERZA

1

ESPADAS

3

BASTOS

# 2. ATRAVIESA LA SOMBRA

Puedes hacer una tirada fácil barajando el mazo y **sacando siete cartas**, disponiéndolas en forma de **flecha** tal y como se muestra en la imagen.

1. Situación

2. ¿Cuáles son los sentimientos ocultos?

3. ¿Qué no debo olvidar?

4. ¿Qué debo dejar ir?

5. ¿Cómo se refleja la Sombra en mi estado de ánimo y mi comportamiento?

6. ¿Cómo afecta la Sombra a mi relación con los demás?

7. ¿Dónde puedo encontrar ayuda y consejo?

1. LA REINA DE ESPADAS
2. BASTOS — 1
3. OROS — 8
4. ESPADAS — 3
5. LOS AMANTES — IV
6. COPAS — 7
7. LA SOTA DE COPAS

# LA TIRADA DEL HOGAR

Tu casa es un **espacio de refugio, confort,** y **preparación.** ¿Cómo sientes ese espacio? Con esta tirada rápida, puedes recrear **un espacio para la meditación personal.**

Saca cuatro cartas y colócalas formando un cuadrado, en el sentido de las agujas del reloj, de arriba a abajo.

**Deja un espacio vacío en el centro.**

1. La entrada: a quién y qué dejas entrar.

2. La cocina: qué estás creando para tu vida.

3. El estudio: el consejo que necesitas.

4. El dormitorio: tus sueños para el futuro.

Ahora **saca** la **quinta carta, que te representa a ti dentro de la casa,** y colócala en el centro. ¿Te reconoces?

**1** EL CABALLO DE COPAS

**2** 2 OROS

**5** IX EL ERMITAÑO

**4** 5 BASTOS

**3** 10 ESPADAS

# CREA UN CUENTO DE HADAS CON LAS CARTAS DEL TAROT

Baraja el mazo. **Saca un mínimo de seis y un máximo de diez cartas y colócalas ante ti.**

Ahora **colócalas formando una secuencia que cree una historia** significativa y las incluya a todas. Algunas de ellas representarán personajes, otras situaciones.

**Escribe lo que ves y lo que imaginas.**
Puedes repetir este ejercicio tantas veces como quieras.

..........................................................................

..........................................................................

..........................................................................

..........................................................................

..........................................................................

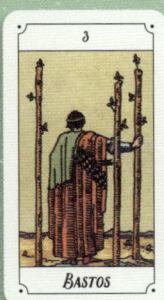

*El Rey de Copas* — *La Muerte* — *La Fuerza* — *Espadas* — *Bastos* — *Oros*

# AHORA PONLAS FORMANDO UNA SECUENCIA QUE CREE UNA HISTORIA.

*Oros* — *La Fuerza* — *La Muerte* — *El Rey de Copas* — *Espadas* — *Bastos*

# Escribe un poema con las cartas del tarot

En este libro hemos compartido muchas frases y versos inspiradores, que a veces ayudan a entender la carta y otras subvierten su enfoque más clásico. Ahora **intenta escribir un poema utilizando las cartas**.

Puedes jugar a este juego **con las cartas boca arriba**, eligiéndolas a conciencia, **o con las cartas boca abajo**, confiando en el destino.

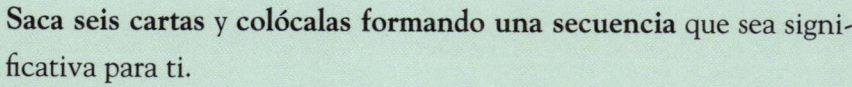

**Saca seis cartas** y **colócalas formando una secuencia** que sea significativa para ti.

**Escribe una copla (dos versos) para cada carta.** En el primer verso, céntrate en lo que ves. En el segundo, fíjate en cómo esa carta interactúa contigo.

Puedes escribir tantos poemas como quieras. Las posibilidades son infinitas.

## SACA SEIS CARTAS, BOCA ABAJO O BOCA ARRIBA.

## ORDÉNALAS FORMANDO UNA SECUENCIA QUE TENGA SENTIDO PARA TI.

# NOTAS

# NOTAS

..........................................................................................

..........................................................................................

..........................................................................................

..........................................................................................

..........................................................................................

..........................................................................................

..........................................................................................

..........................................................................................

..........................................................................................

..........................................................................................

..........................................................................................

..........................................................................................

..........................................................................................

..........................................................................................

..........................................................................................

..........................................................................................

# NOTAS

# NOTAS

# Francesca Matteoni

Francesca es poeta y escritora. Ha trabajado como investigadora, estudiando hechicería, folclore y creencias médicas, y ha publicado el artículo académico *Il famiglio della strega. Sangue e stregoneria nell'Inghilterra moderna* (Aras, 2014). Es profesora de historia, antropología y literatura en el programa americano AIFS de Florencia. Entre sus publicaciones más recientes figura el libro *Dal Matto al Mondo. Viaggio poetico nei tarocchi* (effequ, 2019); una pieza sobre plantas sagradas en el libro *La scommessa psichedelica* (Quodlibet, 2020) de Federico Di Vita; el poemario *Ciò che il mondo separa* (Marcos y Marcos, 2021) y la colección *Io sarò il rovo. Fiabe di un paese silenzioso* (effequ, 2021). También escribe libros sobre magia, cartas de tarot y oráculos en colaboración con varios ilustradores, entre los que se incluyen las barajas de tarot temáticas *Ask the Witch Tarot, Grunge Tarot, Faeries and Magical Creatures,* y el libro *Novice Witches and Apprentice Wizards: Un manual esencial de magia*.